Tanzen
lernen - Schritt für Schritt

Tanzen
lernen – Schritt für Schritt

von
Holger M. Peter

BUCH UND ZEIT
BZ

Buch und Zeit Verlagsgesellschaft mbH · Köln

Die Ratschläge in diesem Buch sind von Autor und Verlag sorgfältig erwogen und geprüft, dennoch kann eine Garantie nicht übernommen werden. Eine Haftung des Autors bzw. des Verlages und seiner Beauftragten für Personen-, Sach- und Vermögensschäden ist ausgeschlossen.
Titelbild und Fotos: Axel Ruske, Taunusstein
Schrittzeichnungen: Edith Kuchenmeister
Gesamtherstellung: Ebner Ulm
1999940982X817 2635 4453 62

Inhalt

Inhalt

Vorwort mit geschichtlichem Einschlag

Ja, tanzen sollte man können! Wie oft haben Sie sich das schon gedacht oder gesagt, aber bis jetzt noch nichts unternommen, um diesem Ziel näherzukommen. Vielleicht weil Sie nie Zeit hatten, einen Kursus zu besuchen, weil ein Partner fehlte oder weil Sie der Mut im letzten Moment verließ.
Dieses Buch soll Ihnen helfen, sozusagen alleine und/oder mit Ihrem Partner zu Hause, in den eigenen vier Wänden Tanzen zu erlernen. Spaß macht es natürlich auch, wenn Sie sich mit einem befreundeten Ehepaar regelmäßig treffen, um gemeinsam einige heitere Stunden zu verbringen.
In diesem Buch zeigen wir Ihnen die Grundschritte der Gesellschaftstänze in Deutschland. Stören Sie sich bitte nicht an dem Wort »Gesellschaftstanz«. In unserer Zeit ist das Tanzen natürlich nicht mehr auf eine besondere Gesellschaftsschicht beschränkt, und schon gar nicht auf eine vornehme. Etwa ab dem 15. Jahrhundert, mit fortschreitender »Demokratisierung« und der Entwicklung einer »ranglosen« Gesellschaft, tanzen alle Schichten den Gesellschaftstanz. Tanzen in Europa ist ein Vergnügen für alle und sollte eigentlich »Volkstanz« heißen, obwohl man im Sprachgebrauch etwas anderes darunter versteht.
Der Tanz begleitet die Menschen seit der Urzeit. Bis zum Beginn des 20. Jahrhunderts hatte der Tanz stets andere Aufgaben als in der heutigen Zeit. Die Menschen alter Kulturen drückten Sehnsucht, Anbetung, Leid und Schmerz in Rhythmus, Musik und Tanz aus. Tanz aus reinem Vergnügen war selten das Motiv. Eigentlich trauerte man im Tanz oder freute sich durch oder mit ihm. Tanz war Kunst, Mythos, Philosophie und Religion zugleich. Selbst die Götter tanzten, ja, der Tanz war ein Ausdruck des religiösen Daseinsgefühls, eines Einswerdens mit den göttlichen Allkräften. In Europa verlor sich diese Einheit von Religion, Tanz, Geist und Körper vor über 2000 Jahren. In Europa gewann die Freiheit des Geistes zunehmend an Bedeutung, und der Tanz begann seinen Siegeszug als eine Form der Geselligkeit. Natürlich dauerte es Jahrhunderte, bis sich das entwickelt hatte, was wir heute unter »Gesellschaftstanz« verstehen.

Die Geschichte des Tanzes alleine füllt Bücher. Und deshalb muß auf eine ausführliche Beschreibung der Tanzentwicklung hier verzichtet werden. Mit ein paar kurzen Stichworten überfliegen wir die letzten Jahrhunderte. Im 16. Jahrhundert tanzte man Pavane, Branle, Pasamesso oder Gaillarde. Das 17. Jahrhundert war die Zeit der Sarabande, der Gigue und des Tourante. Die Tänze des 18. Jahrhunderts sind Ihnen vielleicht vom Namen her bekannt. Zumindest Française, Menuett und Allemande werden heute noch getanzt. Die Tänze des 19. Jahrhunderts bezeichnen wir heute als die klassischen alten Tänze des Gesellschaftstanzes. Galopp, Polka, Ländler und Wiener Walzer wurden und werden nicht nur in Filmen getanzt. Doch kommen wir zu unserem Jahrhundert.

Mit der letzten Jahrhundertwende begann für den Gesellschaftstanz eine neue Zeit. Denn bislang entwickelte er seine Figuren und Tänze auf den Grundlagen des Balletts. Die sich jetzt entwickelnden modernen Tänze hatten einen anderen Aufbau. Auch der Musikstil änderte sich von Grund auf. Im neuen Tanzstil tanzte man rhythmisch Vor- und Rückwärtsbewegungen. Der neue Stil verbreitete sich rasch. Die ersten Tanzschulen wurden gegründet. Man tanzte Walzer und Tango, und die ersten Turniere wurden ausgetragen.

1914 kam der Foxtrott nach Deutschland. 1920 der Shimmy. Im selben Jahr sah man zum erstenmal den Slow-Foxtrott. Auch der Onestep war sehr beliebt. In dieser wirtschaftlich katastrophalen Zeit erlebte die neue Art des Gesellschaftstanzes wohl ihren ersten Höhepunkt. Im Daily-Mail stand über Paris: »Keine Wohnung, keine Kohlen, kein Geld. Jeder Mensch in Paris stöhnt, klagt und murrt. Aber alle tanzen.«

1921 entwickelte sich in England aus Boston und Wiener Walzer der langsame Walzer. Somit hatte die erste europäische Tanzwelt Anfang der 20er Jahre bereits ihre heute noch gültigen fünf klassischen Gesellschaftstänze, die unter dem Begriff Standardtänze bekannt sind: langsamer Walzer, Tango, Wiener Walzer und Slow-Foxtrott.

Aber ein Tanz fehlt noch. Erst 1924 entwickelten die Engländer aus dem Onestep und Slow-Foxtrott den Quickstep. Im gleichen Jahr übrigens hörte man in Europa zum erstenmal Samba-Rhythmen. Zum Jahreswechsel 1925/1926 beginnt ein neuer Tanz ganz Europa zu erobern: Josephine Baker präsentierte in Berlin den Charleston.

Mittlerweile werden auch fleißig Weltmeisterschaften im Tanzen ausgetragen. Mit den beginnenden 30er Jahren setzt sich der englische Stil in Deutschland durch, im gleichen Maße mit der eine große Woge lateinamerikanischer Musik Europa überflutet. Neben Samba hört man jetzt

Rumba und Paso doble. Benny Goodman und Glen Miller, die ja für Entstehung und Entwicklung des »Swings« mitverantwortlich sind, sorgen mit ihrer Musik 1933/1934 für eine »Swingwelle«. Die swingbegleitenden Tänze wurden in Deutschland verboten. Im Dritten Reich wurde sogar der »Swing« verboten, und in den Kriegsjahren bis 1945 setzte die Entwicklung moderner und neuer Tänze zwangsläufig aus.
Nach Kriegsende bestand ein ungeheurer Nachholbedarf. So entwickelte sich gleich ab 1945 aus der Boogiemusik der Jive oder Boogi-Woogie. Erst 1949 kam ein neuer Tanz in Deutschland auf, der allerdings ob seiner Hüftbewegungen zu Beginn als zu anstößig empfunden wurde: Die Samba hatte einen schweren Weg beliebt zu werden.
1954 importierte die Tanzschule Bier aus Wiesbaden einen Modetanz aus Amerika, der ganz Europa erobern sollte. Der Cha-Cha-Cha wurde zum erfolgreichsten Tanz der 50er, 60er Jahre. Parallel zum Cha-Cha-Cha-Fieber grassierte in Europa Mitte/Ende der 50er Jahre das Rock 'n' Roll-Fieber. Besonders die Jugend verfällt diesen aus Swing und Boogie hervorgegangenen Musik- und Tanzelementen.
Und damit wäre auch die chronologische Aufzählung der lateinamerikanischen Tänze komplett. Cha-Cha-Cha, Rumba, Paso doble, Samba und Jive gehören heute genauso ins Programm eines Ballabends wie die bereits erwähnten Standardtänze.

Von Walzer bis Disco-Dance – das Welttanzprogramm

Wir machen Sie bekannt mit dem »Welttanzprogramm«, das seit 1973 im »International Council of Ballroomdancing« (ICBD), einer internationalen Vereinigung der Tanzlehrerverbände der ganzen Welt, nach einem deutschen Vorschlag durch Herrn Gerd Hädrich, ehemals Vorsitzender des Deutschen Tanzlehrerverbandes, für die gesamte tanzende Welt festgesetzt wurde.

Im »Welttanzprogramm« sind 11 Tänze festgelegt worden. Sie werden in allen Ländern der Welt gleich unterrichtet. Damit wurde die Voraussetzung geschaffen, daß jeder, an jedem Ort, nach jeder Musik tanzen kann und tanzen lernen kann. Festgelegt im Welttanzprogramm sind

1. Foxtrott (Quickstep)
2. Langsamer Walzer
3. Tango
4. Wiener Walzer
5. Blues
6. Cha-Cha-Cha
7. Rumba
8. Samba
9. Paso doble
10. Jive (Rock'n'Roll, Boogie, Boogie-Woogie, Jitterbug)
11. Beat (Disco-Dance, Free-Style)

Zu den Lieblingstänzen in unseren Breiten zählen wohl der Foxtrott und der langsame Walzer, aber auch Wiener Walzer ist sehr beliebt. Deswegen beginnen die deutschen Tanzschulen auch ihre Kurse mit diesen Tänzen. Lateinamerikanische Tänze mit ihren etwas schwierigeren Hüftbewegungen sind meist etwas später dran. In Brasilien ist das natürlich ganz anders.

Dort gibt es sogar Schulen, die nur Samba unterrichten, ein Jahr Vorbereitung für drei Tage Samba-Carneval. Die Gewichtigkeit, die Auslegung des »Welttanzprogrammes« ist natürlich auf der ganzen Welt verschieden, in gleichem Maße wie sich ja auch Temperament und Lebensstil unterscheiden.
Im »Welttanzprogramm« sind auch nur Grundschritte und einfache Figuren festgelegt. Turnierschritte werden Sie hier vergeblich suchen, denn Schritte, Schrittkombinationen, Tanzhaltung und Ausführung im Rahmen des »Welttanzprogrammes« unterscheiden sich grundlegend von der Tanzart eines Turniertänzers. Wer einmal in der Woche mit Kollegen Fußball spielt, ist kein Bundesliga-Fußballprofi, wer am Wochenende spazieren geht, ist kein Marathonläufer – also wer aus Spaß ein wenig tanzt, hat mit Turniertänzen nichts im Sinn. Es sei denn, er fängt so Feuer, daß er nicht mehr davon lassen kann.

Tanz, auch ohne Frack

Gelegenheit zum Tanzen gibt es überall. Auf dem großen festlichen Ball genauso wie auf einer Party, in einer Bar, in einer Diskothek – oder bei anderen Anlässen und Festen.
Tanzen gehört zu den weitverbreitetsten Hobbys auf der Welt. Millionen von Menschen tanzen jeden Tag aus den unterschiedlichsten Anlässen, ohne Konkurrenz zu anderen Paaren, ohne Frack, ohne Tüllkleid eben einfach nur, um einem der schönsten Hobbys für zwei nachzugehen.
Ein richtiges Alter um tanzen zu lernen oder um zu tanzen, gibt es nicht. Wer gesund ist und gehen kann, der kann auch tanzen. Für den Normaltänzer ist auch das Rhythmusverständnis nicht so wichtig (im Gegensatz zum Turniertänzer). Viel wichtiger ist es, daß die Kapelle das Tempo des Musikstückes richtig interpretiert, den Takt richtig hält, Betonungen sauber setzt (denn dann hört der Tänzer – auch wenn er nicht allzu musikalisch ist – Taktanfang und Taktschläge aus der Musik heraus).
Bevor Sie jedoch zu Kapellenmusik tanzen werden, wollen Sie zu Hause sicherlich üben. Tanzmusiken auf Schallplatten und Kassetten finden Sie reihenweise in Schallplattengeschäften und Kaufhäusern. Achten Sie beim Kauf darauf, daß möglichst viele Tänze auf einer Schallplatte zu finden sind und daß es kein Potpourrie ist. Orchester, wie Hugo Strasser, Max Greger, Günter Noris, Paul Kuhn u. a., sind Garanten für eine korrekt gezählte Tanzmusik. Als letzte Sicherheit dient Ihnen das Gütesiegel »ADTV« (Allgemeiner Deutscher Tanzlehrerverband) auf der Schallplattenhülle. Denn dann wurde die Musik von einer speziellen Kommission geprüft und als gute Unterrichtsmusik gekennzeichnet.
Das hier beschriebene »Welttanzprogramm« ist im riesigen Tanzsaal genauso tanzbar, wie in einer kleinen Hotelbar. Zum Üben reicht es, wenn Sie ein paar Quadratmeter Platz machen. Räumen Sie zu Hause Tisch und Stühle zur Seite und rollen Sie vielleicht den Teppich auf. Und schon kann es losgehen. Darf ich bitten?

Der Knoten in den Beinen

Bevor sich die Tanzschule als Institution etablierte, vermittelten die Eltern ihren Kindern die Kenntnisse des Tanzens, wie es auch heute noch in einigen südlichen Ländern praktiziert wird. In Deutschland – und in den meisten anderen Ländern – haben diese Aufgabe seit vielen Jahrzehnten die Tanzschulen bzw. die Tanzlehrer übernommen.
In den Tanzschulen lernt man das Tanzen wohl in der geselligsten Form, mit einer Menge gleichgesinnter Paare, in gemütlichen Räumlichkeiten und von einem gut ausgebildeten Fachmann, dem Tanzlehrer.
Es wird verschiedene Motive geben, warum Sie mit diesem Buch tanzen lernen möchten; vielleicht sind Sie absoluter Anfänger oder möchten das in einer Tanzschule erlernte mit diesem Buch auffrischen oder verwenden es parallel zu Ihrem Tanzkursus zum Üben. Hierzu eine kleine Anmerkung, damit Sie sich nicht mit Ihrem Partner oder Tanzlehrer streiten müssen. In der Beschreibung der Figuren und Schritte können unter Umständen Abweichungen zu denen Ihres Tanzlehrers bestehen. In diesem Fall modifizieren Sie die Schritte dieses Buches so, daß Sie im Rahmen Ihres Tanzkurses keine abweichenden Schritte zu den anderen Paaren erlernen. Ohnehin ändert sich am tänzerischen Resultat nichts, wahrscheinlich ist nur der Unterrichtsaufbau ein klein wenig unterschiedlich.
Sollten Sie sich aber tatsächlich einmal beim Gebrauch dieses Buches in einer Figur die Beine derart »verknotet« haben, daß Sie nicht mehr weiterkommen, wenden Sie sich vertrauensvoll an eine Tanzschule in Ihrer Nähe (Telefonbuch), dort hilft man Ihnen sicherlich gerne weiter.
Bei der Auswahl Ihrer Tanzschule möchten wir Ihnen noch einen Tip geben: Die Tanzschulen in Deutschland (ca. 800) haben sich im ADTV (Allgemeiner Deutscher Tanzlehrerverband) zusammengeschlossen. In Tanzschulen des ADTV – und nur da – wird auch das Welttanzprogramm unterrichtet.
Tanzlehrer, die im Namen des ADTV unterrichten, haben alle eine 2–3jährige Ausbildung hinter sich, eine schwierige Prüfung abgelegt und sind bestens geschult, Ihnen die korrekten Tanzschritte im besten Unterrichtsstil spielend und vergnüglich beizubringen.

Wenn Sie dieses Buch »durch« haben, den größten Teil dieser Schritte beherrschen und Lust auf weiterführende Figuren haben, empfehlen wir Ihnen, einen Fortgeschrittenenkursus, Bronze-, Silber- oder Goldmedaillenkursus in einer ADTV-Tanzschule zu belegen.
Selbstverständlich erhalten Sie in den Buchhandlungen auch Tanzbücher für den Fortgeschrittenenkursus, für Spezialkurse wie Jazz, Disco-Dance oder Rock 'n' Roll.

Halten Sie sich fest – die Tanzhaltung

Aufgrund der Tanzhaltung werden zwei Personen in die Lage versetzt, miteinander zu tanzen. Das klingt furchtbar einfach, so ganz ohne Probleme geht das meist doch nicht ab, denn die Tanzhaltung soll zwei Aufgaben lösen:

1. Durch die Armhaltung balanciert sich jeder Partner so aus, daß er dem anderen nicht zur Last fällt. Das gilt insbesondere dann, wenn man schwungvoll, raumgreifend tanzt.

2. Über die Berührungspunkte der Tanzhaltung vermitteln die Partner einander, was sie tanzen wollen.

Die Standardtänze nehmen es mit der Tanzhaltung ziemlich genau. Wir wollen hier nicht pedantisch sein, aber wer eine gute Figur machen will, muß einige Grundregeln beherrschen. Tanzhaltung hat nichts mit Kraft oder Festhalten zu tun. Hände dürfen nicht zusammengepreßt, der Partner darf nicht mit Gewalt an sich gedrückt werden, weil man ihn dann durch übergroße Krafteinwirkung leicht aus der Balance bringt. Und wer nicht mehr sicher auf beiden Beinen stehen kann und kaum laufen könnte, kann erst recht nicht richtig tanzen. Harmonie ist wichtig. Also lassen Sie sich genügend Luft, damit Sie die Lust nicht verlieren.
Es gibt keine allgemein gültige, in jedem Fall anwendbare korrekte Tanzhaltung. 1. sind sie bei den einzelnen Tänzen an sich schon verschieden, 2. tanzt nicht jeder mit dem gleichen Temperament und Schwung, 3. tanzt man im Ballsaal anders als in der Diskothek, 4. ist die Haltung abhängig von der Menge der Menschen, mit denen ein Paar tanzt und 5. richtet sich sie sich auch nach dem Verhältnis, das man zu seinem Partner hat.

Tanzhaltung

Grob werden folgende Tanzhaltungen unterschieden:

1. Für Standardtänze
2. Eine spezielle Haltung für den Tango
3. Für die lateinamerikanischen Tänze
4. Bei extrem voller Tanzfläche
5. Für den Disco-Dance
6. Für den Schmuseblues

1. Für Standardtänze

2. Eine spezielle Haltung für den Tango

3. Für die lateinamerikanischen Tänze

4. Bei extrem voller Tanzfläche

5. Für den Disco-Dance

6. Für den Schmuseblues

So, und jetzt wird es ernst, wir beginnen mit der Standardhaltung:

Bitte stellen Sie sich einander gegenüber auf, die Füße sind geschlossen, sie stehen parallel in aufrechter Position voreinander, jetzt den Kopf anheben und ihn leicht nach links drehen.

Die Dame steht leicht versetzt auf der rechten Seite des Herrn, ihr rechter Fuß zeigt zwischen seine Füße.

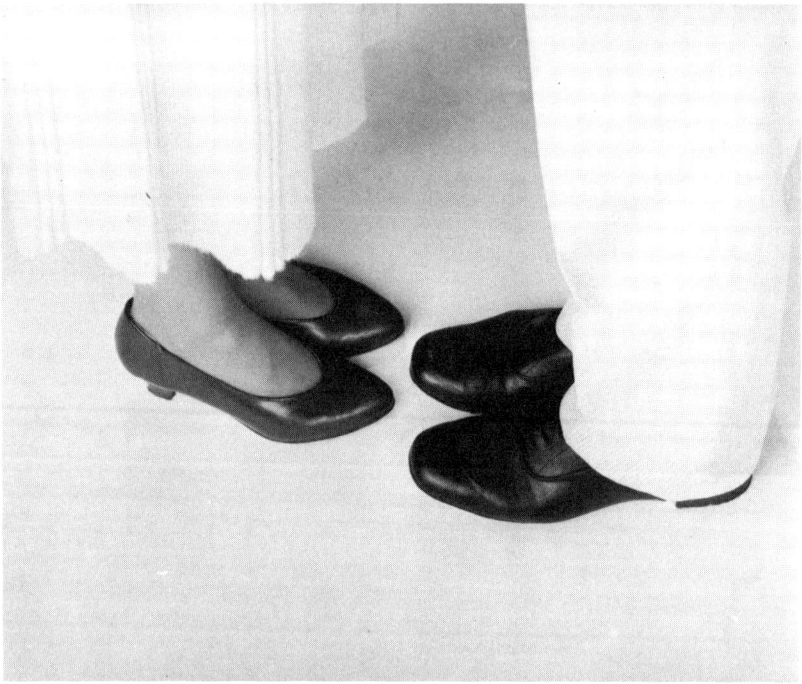

Sicherlich stehen Sie jetzt zu weit auseinander! Sie müssen so eng stehen, daß Sie in der Magengegend leicht Tuchfühlung haben, denn dieser Punkt ist als Schwerpunkt für das Führen wichtig.

Nun stehen Sie also richtig voreinander, allerdings hängen die Arme jetzt noch rechts und links herunter. Der Herr legt nun seine rechte Hand mit gestreckten, aneinanderliegenden Fingern und Daumen auf den unteren Teil des linken Schulterblattes der Dame. Die Fingerspitzen zeigen schräg nach unten. Hände und Unterarm sind eine durchgehende gerade Linie.

»Mein Herr, fassen Sie mit Ihrer Hand nicht so fest«, daß Ihrer Partnerin die letzte Luft entweicht, ein leichter Druck genügt. Den rechten Ellbogen hebt der Herr leicht an, um durch bessere Balance sich und der Dame die nötige Sicherheit zu geben.

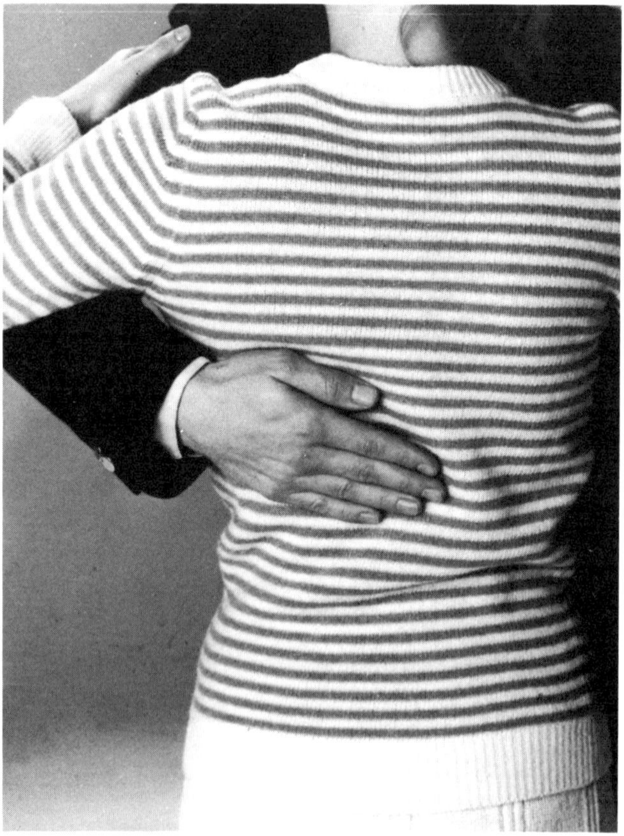

Die Dame braucht nur noch ihre linke Hand auf den rechten Oberarm des Herrn zu legen, der Daumen zeigt nach innen, sie darf keinen Druck auf seinen rechten Arm ausüben.

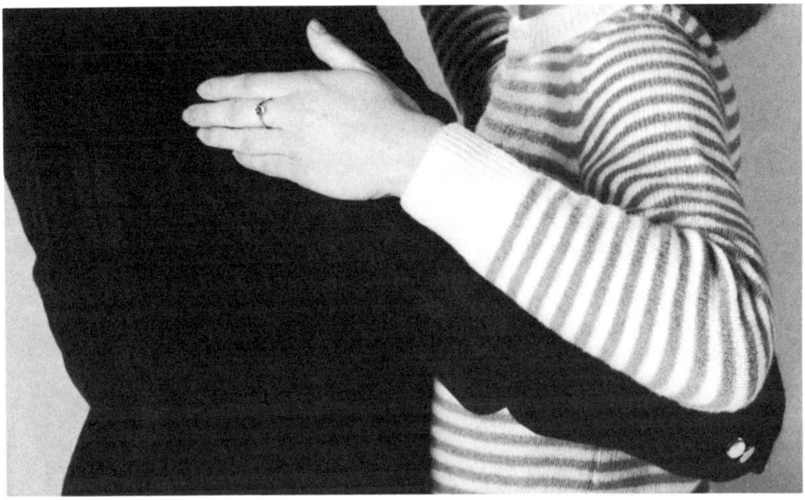

Jetzt sind wir fast fertig. Es fehlt nur noch die Haltung der Dame.

Die Dame legt ihre rechte Hand zwischen Daumen und Zeigefinger der linken Herrenhand, so daß sich beide Daumen kreuzen. Heben Sie beide Hände so an, daß Sie etwa auf Augenhöhe des kleineren Partners sind und beide Unterarme ein Dach bilden – ein Spitzdach bitte, kein Flachdach!

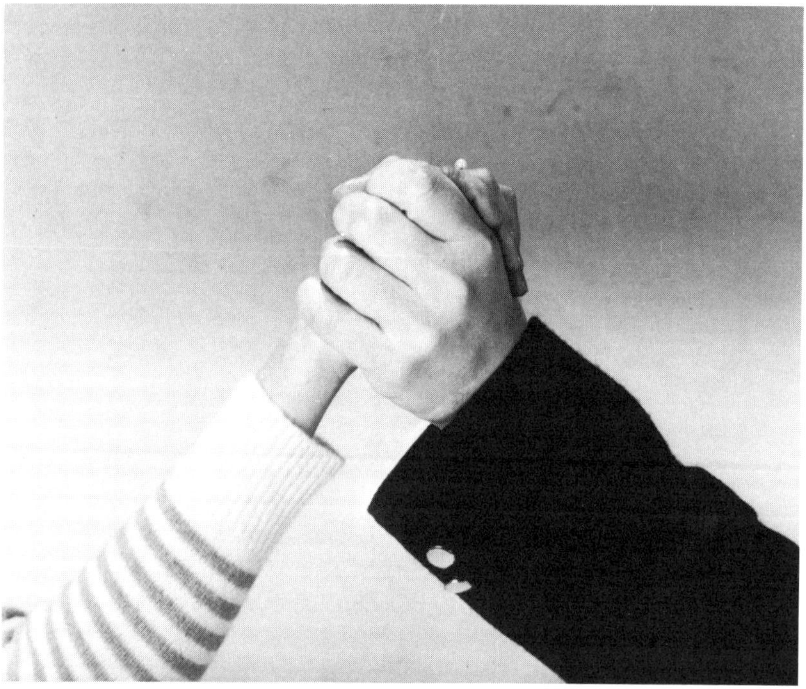

Halt! Bleiben Sie noch einen Moment so! Bitte korrigieren Sie Ihre Armhöhen derart, daß beide Ellbogen des Herrn mit dem Rücken eine Linie bilden, sich also auf gleicher Höhe befinden.

Geschafft! Lösen Sie diese Haltung auf und wiederholen Sie diesen Vorgang ein paarmal, bis Sie ihn sicher und blind beherrschen.

Diese Tanzhaltung ist optimal für die Standardtänze, ausgenommen den Tango. Die Unterschiede zur Tangohaltung werden später erklärt.

Diese optimale Haltung ist natürlich nicht ständig einzuhalten, auf einer vollen Tanzfläche – in der Disco, bei Privatpartys würden Sie sicherlich mit den Ellbogen ständig die anderen Paare berühren. Dann nehmen Sie bitte Ihre Arme enger an den Körper, die gefaßten Hände zwischen Ihre Körper oder gar nach unten. Die einfachen Tanzfiguren leiden sicherlich nicht darunter.

Jetzt wollen wir gemeinsam die lateinamerikanische Tanzhaltung erlernen (auch sie gilt nicht für alle lateinamerikanischen Tänze), der Jive (oder Boogie) hat seine eigene Haltung, die später genau beschrieben wird. Im Gegensatz zu den Standardtänzen haben wir jetzt eine offenere Haltung, hier gibt es keine Tuchfühlung.

Sie stehen in leichtem Abstand von ca. 20 cm zueinander. Schließen Sie Ihre Füße. Die rechte Hand des Herrn befindet sich jetzt höher, also auf der Mitte des linken Schulterblattes der Dame. Die Dame legt ihre linke Hand auf den rechten Oberarm – möglichst hoch – fast auf die Schulter des Herrn.

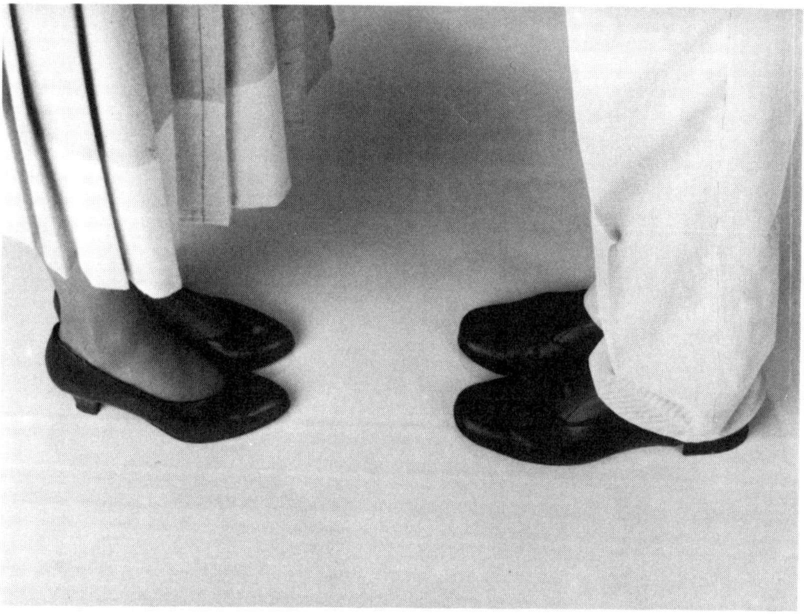

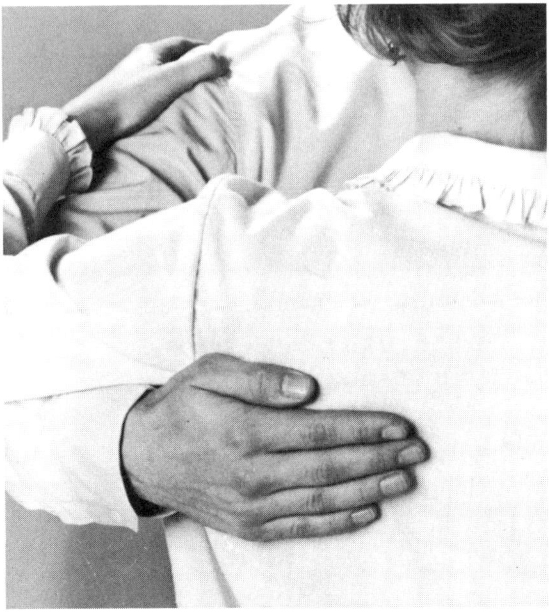

Die andere Seite mit den gefaßten Händen, linke Hand des Herrn, rechte Hand der Dame, bleiben in Augenhöhe des kleineren Partners; nach wie vor befinden sich die beiden Ellbogen auf derselben Höhe, insgesamt ist die lateinamerikanische Tanzhaltung legerer als die Standardtanzhaltung.

Alle abweichenden Haltungen wie Disco-Dance, Jive (Rock'n'Roll) und Tango erklären wir dann in den jeweiligen Kapiteln.

Wer führt wen?

Alle Bewegungen beim Tanzen sind dem Menschen abgeschaut worden, wir gehen vorwärts, auch einmal kurz rückwärts, es gibt Bewegungen zur Seite, Drehungen rechts- und linksherum, alles Dinge, die im täglichen Leben selbstverständlich sind. Diese selbstverständliche Natürlichkeit übertragen Sie bitte als Paar in Ihre tänzerischen Bewegungen.
Bleiben Sie locker, unverkrampft, versteifen Sie sich nicht, Ihre Bewegungen werden sonst unnatürlich und eckig. Arbeiten Sie nicht mit Gewalt, sondern denken Sie, Ihre Partnerin wäre aus Porzellan und das Parkett aus dünnem zerbrechlichen Glas.
Beim Gehen setzen Sie grundsätzlich jeden Vorwärtsschritt mit der Ferse an und rollen dann das Gewicht über den ganzen Fuß ab. Das machen Sie tausendmal am Tag, ohne darüber nachzudenken. Exakt denselben Bewegungsablauf sollen Sie beim Tanzen ausführen.
Stehen Sie jemandem im Weg und machen einen Schritt zur Seite, beobachten Sie einmal, wie Sie den Fuß setzen. Niemals setzen Sie beim Seitwärtsgehen die Ferse an, immer den flachen Ballen. Beherzigen Sie das beim Tanzen.
Wenn Sie jemand von hinten ruft und Sie drehen sich plötzlich um, erfolgt diese Drehung nie auf der Ferse. Ohne zu denken verlagern Sie das Gewicht auf den Ballen. So verhält es sich auch bei den Tanzdrehungen.
Sie lernen also hier keine neuen Bewegungen, sondern wiederholen nichts anderes, als die täglichen Bewegungen, nur eben neu kombiniert, zu bestimmten Sequenzen zusammengesetzt und von einem Paar ausgeführt. Setzen Sie alle Bewegungen so locker und natürlich wie möglich an.
Der Tanz soll sich immer der Musik und der Bewegungsart der Menschen anpassen.
Später einmal wollen Sie ja mit Ihrem Partner im vollendeten Gleichklang in bezug auf Raumrichtung, Schrittrhythmus, Bewegungsschwung, auch in der Kombination verschiedener Variationen oder Figuren, spielend zusammen tanzen.
Um einen reibungslosen Ablauf zu gewährleisten, muß einer von beiden die Führung übernehmen und der andere muß bereit sein, sich führen zu lassen.

Wer führt wen?

Es ist hier nicht der richtige Ort, »Für« und »Wider« zu diskutieren – aber nach wie vor übernimmt die Führung der Herr – was nicht ausschließt, daß sie die Führung übernehmen könnte; natürlich sollte man sich darüber vorher einigen.

Eine »Damenführung« ist technisch bedingt möglich, wenn es dennoch schief geht, liegt es am Herrn, der sich instinktiv gegen diese Rolle wehrt. Wir wollen es auch deshalb dabei belassen, das Führen für den Herrn zu erklären – und das Führenlassen für die Dame.

Beim Tanzen sollen sich zwei Menschen in voller Harmonie bewegen. Sie müssen sich aufeinander einstellen und aneinander anpassen; um diesen optimalen Gleichklang zu erreichen, muß eine Person die unbedingte Führung übernehmen.

Meine Herren, hier dürfen Sie noch zeigen, wer »Herr im Haus« und auf dem Parkett ist.

Die Praxis hat gezeigt, daß oftmals zu Beginn eines Tanzes der Herr die Dame noch fest in seinen Armen hält und sie sich rundherum wohlfühlt und sich voll seiner Führung hingibt und anvertraut. Wenn er jedoch in der Spannung nachläßt und sich unsicher fühlt und immer lascher wird, wird sie unwillkürlich die Führungsrolle übernehmen.

Also meine Herren, Sie sollten immer wissen, welche Figuren Sie zu einer Kombination verbinden wollen – teilen Sie das Ihrer Dame durch leichten Druck Ihrer rechten Hand mit. Wenn Sie also rechts drehen wollen, so drücken Sie mehr mit dem rechten Handballen, möchten Sie links drehen, drücken Sie ein wenig mit den Fingerspitzen der rechten Hand.

Bewegungen, die vorwärts und rückwärts getanzt werden, übertragen Sie bitte nicht mit den Händen, sondern zeigen das der Dame durch Tuchfühlung.

Sie, meine Damen, sind die beste Partnerin für den Herrn, wenn Sie sich seiner Führung leicht anpassen und ihm leicht folgen können. Das sollten Sie ruhig wörtlich verstehen. Tanzen Sie so leicht wie möglich. Ihr Partner darf Ihr Körpergewicht nicht als Last empfinden. Alle Herren tanzen am liebsten mit den Damen, die sich ihnen nicht widersetzen, also vertrauen Sie auf ihn, versuchen Sie, mit ihm zu schweben! Wenn seine tänzerischen Figuren zu sehr in den Bereich der Fantasie übergehen, machen Sie Ihren Partner ruhig darauf aufmerksam.

Jetzt noch einige Tips, die Ihnen Führen und Folgen erleichtern sollen:

1. Vergessen Sie nie, daß Ihre Fußspitzen sich niemals gegenüberstehen dürfen. Die rechte Fußspitze des Herrn zeigt immer zwischen die Füße der Dame und umgekehrt. Dadurch sind natürlich auch Ihre Gesichter nicht genau gegenüber, sondern Sie können links am Partner vorbeischauen. Sie blicken also über die rechte Schulter. Würden die Fußspitzen sich gegenüberstehen, würden Sie alle Schritte wie in einer Skispur setzen. Durch das versetzte Stehen werden die Schritte in vier verschiedene Spuren gesetzt, jeder hat zwei Spuren – jeweils eine Spur für den linken und rechten Fuß.

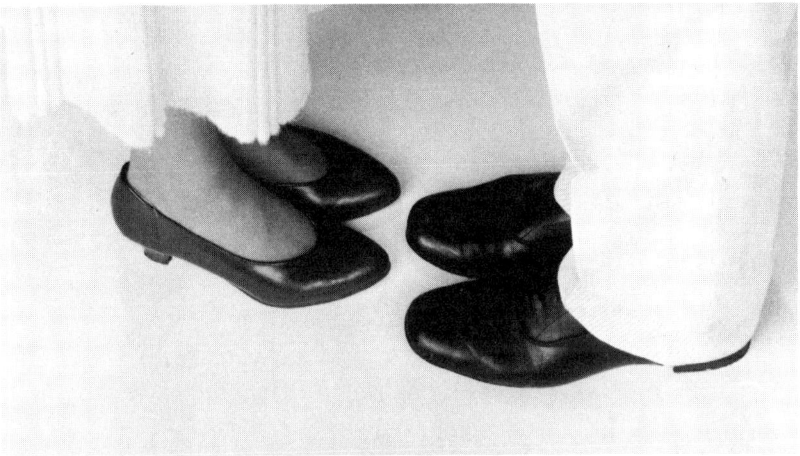

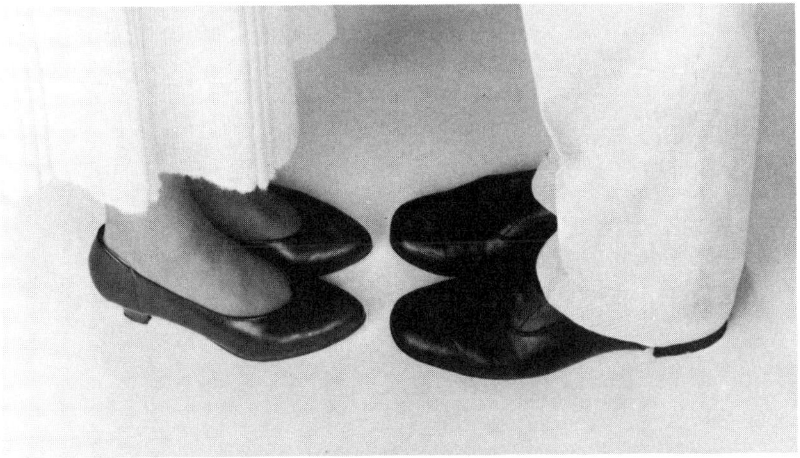

2. Bei den Vorwärtsschritten mit dem linken Fuß geht man immer außenseitig am Fuß des Partners vorbei. Es gibt keinen Schritt, bei dem man vorwärts mit dem linken Fuß zwischen die Beine des Partners kommt. Das gilt für Herr und Dame.

3. Analog hierzu wird jeder rechte Schritt vorwärts immer zwischen die Füße des Partners gesetzt, wenn Sie sich in Gegenüberstellung befinden.

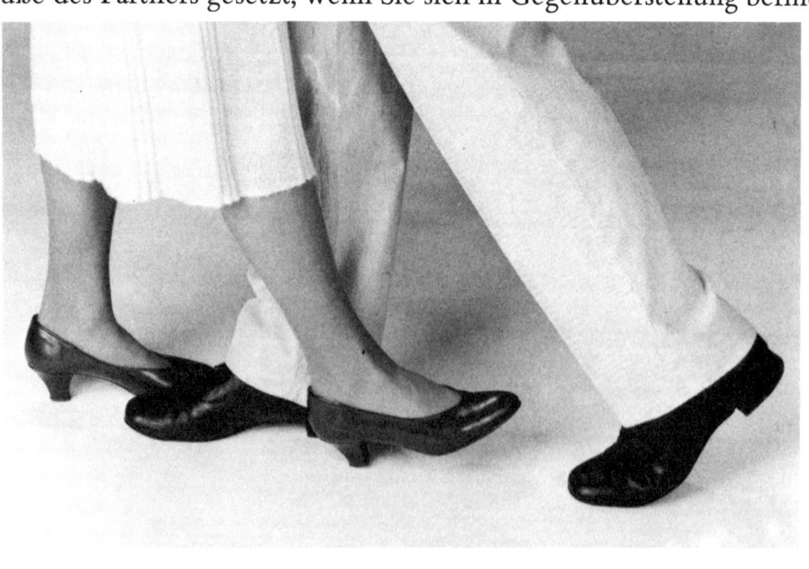

4. Den Ablauf der Bewegung überträgt der Herr durch alle Berührungspunkte der Dame. Nie wird er mit seinen Händen an ihr ziehen oder zerren, oder sie in eine Richtung schubsen oder drücken. Bei einer deutlichen Bewegung wird die Dame nie Schwierigkeiten haben, ihm zu folgen. Getanzt wird in erster Linie mit dem Körper, erst in zweiter Linie mit den Beinen, denn sie unterstützen den Körper nur.

Verkehrsregelung auf der Tanzfläche

Jeder gute Tänzer versucht, gewisse Verkehrsregeln auf der Tanzfläche zu beachten. Wichtig ist, daß man weiß, daß es eine Tanzrichtung gibt und daß man immer versucht, sich entlang der Tanzrichtung zu bewegen. Unabhängig von der Form der Tanzfläche ist die Tanzrichtung immer gegen den Uhrzeigersinn. Jeder Tanz hat natürlich seine eigene Bewegungsrichtung – man kann – vom Herrn ausgesehen – der Tanzrichtung folgen, entweder vorwärts- oder rechts- bzw. linksdrehen oder auch seitwärts. In der Beschreibung der einzelnen Tänze wird die genaue Richtung jeweils erklärt.
Auf der ganzen Welt hält man sich an diese Regelung. Vielleicht haben Sie einmal beim Wiener Walzer beobachtet, wie schön und gleichmäßig sich auch viele Paare auf einer Tanzfläche bewegen können; wenn nur einer »querschießt«, entstehen sofort »Staus« und »Auffahrunfälle«.
Besonders bequem ist es natürlich bei den sogenannten Platztänzen, bei denen man sich nicht im Raum bewegt, sondern ständig auf demselben Quadratmeter seine Figur tanzt.
Wenn Sie das beherzigen, werden Sie seltener schmerzhaften Kontakt mit den Füßen Ihres Partners haben. Setzen Sie immer zuerst den Körper in Bewegung, Ihre Beine und Füße kommen schon rechtzeitig nach. Das machen Sie beim normalen Laufen ja auch! Ihr Körper ist den Beinen immer ein klein wenig voraus.

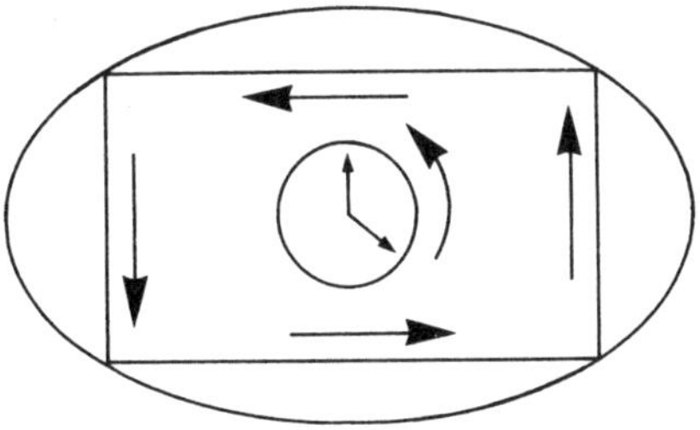

Tanzrichtung (TR) gegen den Uhrzeigersinn

Wie lernt man Tanzen mit dem Buch?

Tisch, Stuhl und Sessel haben Sie schon beiseite geräumt, denn ein wenig Platz brauchen Sie – vor allem bei den ersten Übungen – mit Sicherheit.

1. Entscheiden Sie sich für einen Tanz und eine Figur, und lesen Sie die Beschreibung und die Bemerkungen sich und Ihrem Partner laut vor.

2. Die Schrittlernseiten dieses Buches sind übersichtliche Tabellen; schauen Sie sich die schwarzen und weißen Füße der Diagramme und die Fotos an. Vergleichen Sie mit der Beschreibung der Schritte.

3. Nun sollten Sie versuchen, mit geschlossenen Augen – und insbesondere aufgrund der Bilder – sich diese Figur vorzustellen. Wenn Ihnen das gelungen ist, sollten Sie jeder für sich alleine die Schritte durchtanzen. Wenn Sie Probleme haben, tauschen Sie das Buch aus, betrachten Sie nochmals Schrittdiagramm und Fotos. Wenn es Ihnen dann gelingt, die Schritte alleine zu gehen, dann versuchen Sie das Ganze mit dem Partner. Benutzen Sie zum Zählen entweder Zahlen oder die Kommandos Lang, Kurz oder die allgemeinüblichen Kommandos unter den Fotos.

4. Wenn Sie paarweise die Figur beherrschen, versuchen Sie ein paarmal dieselbe Figur nacheinander zu tanzen oder wechseln Sie mit dem Grundschritt ab. Solche Kombinationen werden natürlich bei jeder Figur extra erklärt.

5. Wenn Ihnen das gelingt, dann versuchen Sie das Ganze langsam mit Musik. Wenn möglich, stellen Sie Ihren Plattenspieler ein klein wenig langsamer. Lautes rhythmisches Zählen der Figurenfolge hilft dabei ungemein.

Jetzt beginnt der Schrittlernteil! Wir empfehlen Ihnen, die Tänze, Schritte und Figuren in der Reihenfolge dieses Buches zu erlernen, Sie können aber auch »springen«, d. h., Sie beginnen mit Ihren Lieblingstänzen.

Viel Vergnügen!

Schrittlernteil

Zeichenerklärung

 Rechter Fuß/Herr

 Rechter Fuß/Dame

 Rechter Fuß unbelastet/Herr

 Rechter Fuß unbelastet/Dame

 Rechter Ballen unbelastet/Herr

 Rechter Ballen unbelastet/Dame

 Linker Fuß/Herr

 Linker Fuß/Dame

 Linker Fuß unbelastet/Herr

 Linker Fuß unbelastet/Dame

 Linker Ballen unbelastet/Herr

 Linker Ballen unbelastet/Dame

 Bewegungsrichtung des Fußes

 Drehbewegung des Fußes

Abkürzungen

AS	Ausgangsstellung
LF	Linker Fuß
RF	Rechter Fuß
o.G.	ohne Gewicht
P.P.	Promenaden-Position
TR	Tanzrichtung
TH	Tanzhaltung
S	schnell
L	langsam
li.	links
re.	rechts

Blues

Geschichte und Einleitung

Unter Blues versteht man im heutigen tanztechnischen Sprachgebrauch einen um 1920 aus Amerika aufgekommenen Tanz. Er ist der langsamste Gesellschaftstanz. Man muß zwischen dem Tanz Blues und der Musik Blues unterscheiden. Der Blues in der Musik ist eine Stilrichtung des Jazz und hatte in Louis Armstrong seinen wohl besten Interpreten. Außerdem muß Bluesmusik nicht immer langsam sein. Wichtig ist, daß der Tanz unabhängig zur Liedgestaltung entstanden ist.

Takt: 4/4-Takt. Auf jeweils zwei Taktteile kommt ein langsamer Schritt, auf je einen Takt ein schneller. Der Rhythmus für einen Grundschritt ist langsam-langsam-schnell-schnell.

Tempo: Von 18 bis 30 Takte/Minute (28–30 Takte/Minute entsprechen dem langsamen Foxtrott).

Tanzrichtung: Vom Herrn aus gesehen, beginnt man Front zur Wand, und der Herr bewegt sich seitwärts nach links, die Dame seitwärts nach rechts.

Tanzhaltung: Die Tanzhaltung spielt beim Blues keine große Rolle. Sie orientiert sich mehr oder weniger an der gegenseitigen Sympathie der Tanzpartner.
Man kann auf Abstand die lateinamerikanische Haltung einnehmen oder auch die Tuchfühlung der Standardtänze bevorzugen. Es wird sich niemand daran stören, wenn Sie es zwar bei der Tuchfühlung belassen, aber anstelle der korrekten Haltung in die Schmusestellung übergehen.

Fußarbeit: Es wird die ganze Zeit Ballen flach getanzt, wenn Seit-Schritte zu tanzen sind. Wenn jedoch, – wie z. B. in der Promenade Vorwärtsschritte getanzt werden, muß die Ferse gesetzt werden.

Schrittverbindungen: 2x Grundschritt
1x Promenade
1x Damensolo
2x Grundschritt
usw.

Lernhilfen: Achten Sie darauf, daß Sie den Blues mit kleinen Schritten tanzen. Wie in allen anderen Tänzen sollten Sie hier auch erst den Grundschritt beherrschen und dann erst die Musik zur Hilfe nehmen. Versuchen Sie den ganzen Körper zur Musik mitschwingen zu lassen.

Grundschritt (Seitschritt)

Herr

H	Fuß	Richtung und Bewegung	Rhythmus	Kommando
1	LF	seit	SL	seit
2	RF	schwingt zu LF, o.G	SL	bei
3	RF	seit	SL	seit
4	LF	schwingt zu RF, o.G	SL	bei
5	LF	seit	S	seit
6	RF	schließt zu LF	S	ran

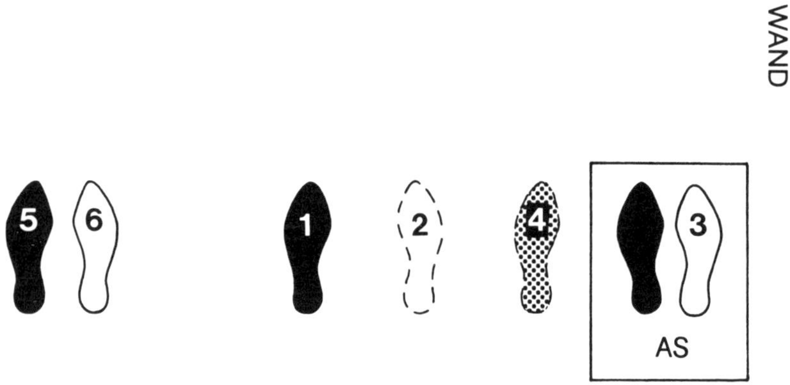

Bemerkungen:
Die Schritte 1, 2 und 3, 4 sind „Pendelschritte", bei 2 + 4 wird der Fuß unbelastet an das Standbein herangezogen und wieder zurückgeschwungen.
Die Hüften schwingen immer leicht in der Bewegungsrichtung mit.
Die Schritte werden klein, oftmals nur angedeutet, nicht raumgreifend gesetzt.

Dame

D	Fuß	Richtung und Bewegung	Rhythmus	Kommando
1	RF	seit	SL	seit
2	LF	schwingt zu RF, o.G	SL	bei
3	LF	seit	SL	seit
4	RF	schwingt zu LF, o.G	SL	bei
5	RF	seit	S	seit
6	LF	schließt zu RF	S	ran

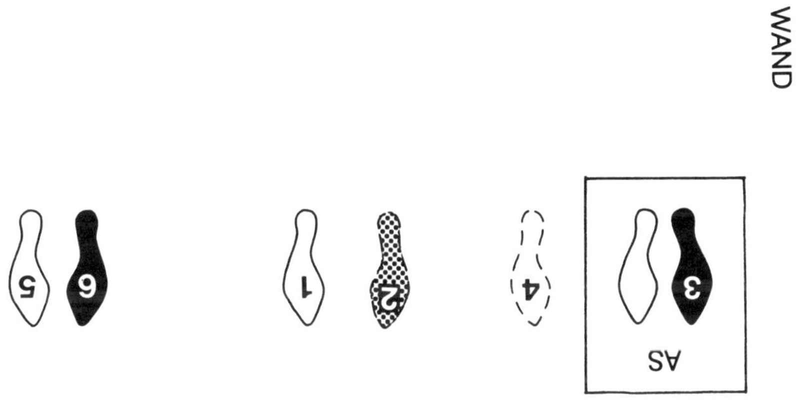

Grundschritt (Seitschritt)

1 seit S

2 bei S

5 seit S

6 ran S

3 seit S

4 bei S

Promenade

Herr

H	Fuß	Richtung und Bewegung	Rhythmus	Kommando
1	LF	seit	S	seit
2	RF	schwingt zu LF, o.G	S	bei
3	RF	seit	S	seit
4	LF	schwingt zu RF, o.G Körper öffnet zur P.P.	S	bei
5	LF	Schritt entlang TR	S	Schritt
6	RF	Schritt über LF	S	über
1a	LF	wie oben 1 aus P.P. wieder in normale TH		seit
2a	RF	wie oben 2		bei

Bemerkungen:
Die Schritte 1-3 entsprechen dem Grundschritt.
Bei Schritt 4 dreht der Herr ein Achtel nach links, die Dame ein Achtel nach rechts, beide schauen in dieselbe Richtung (Promenaden-Position). Die Position bleibt bis Schritt 6, erst bei Schritt 1 der nächsten Figur wieder normale Tanzhaltung (Gegenüberstellung).
Der Herr führt die Figur mit Ballendruck seiner rechten Hand und endet die Führung mit Druck seiner Finger der rechten Hand, drückt die Dame zu sich.

Dame

D	Fuß	Richtung und Bewegung	Rhythmus	Kommando
1	RF	seit	S	seit
2	LF	schwingt zu RF, o.G	S	bei
3	LF	seit	S	seit
4	RF	schwingt zu LF, o.G Körper öffnet zur P.P.	S	bei
5	RF	Schritt entlang TR	S	Schritt
6	LF	Schritt über RF	S	über
1a	RF	wie oben 1 aus P.P. wieder in normale TH		seit
2a	LF	wie oben 2		bei

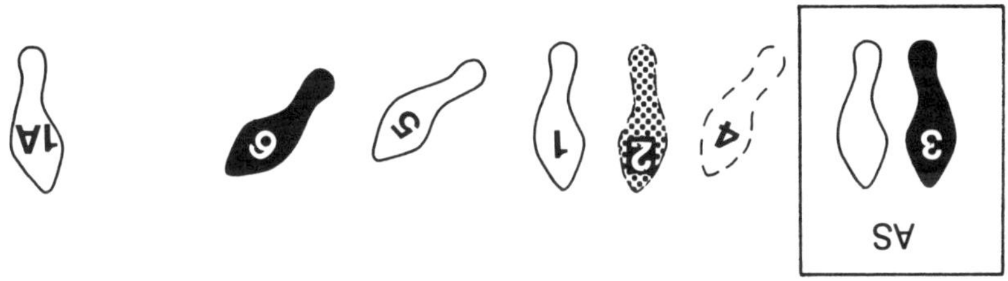

Promenade

1 seit S

2 bei S

5 Schritt S

6 über S

3 seit S

4 bei S

1a seit S

2a bei S

Damensolo

Herr

H	Fuß	Richtung und Bewegung	Rhythmus	Kommando
1	LF	seit	S	seit
2	RF	schwingt zu LF, o.G	S	bei
3	RF	seit	S	seit
4	LF	schwingt zu LF, o.G Körper öffnet zur P.P.	S	bei
5	LF	Schritt entlang TR	S	Schritt
6	RF	Schritt über LF	S	über
1a	LF	wie oben 1 aus P.P. wieder TH einnehmen		seit
2a	RF	wie oben 2		bei

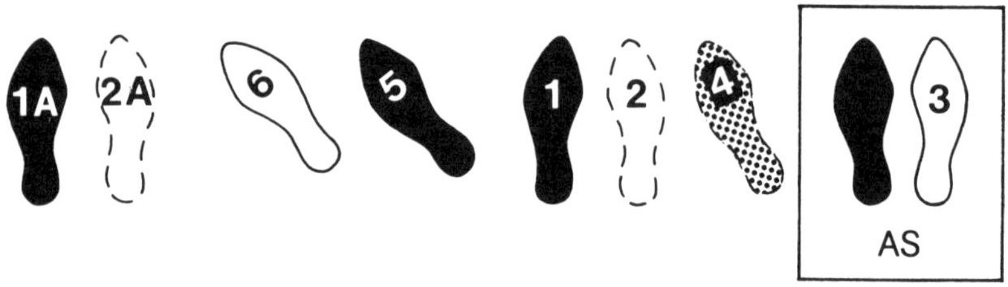

Bemerkungen:
Die Schritte 1-3 entsprechen dem Grundschritt.
Schritt 4 entspricht der Promenade.
Der Herr tanzt dieselben Schritte wie in der Promenade, nur seine Führung ist anders, er hebt bei 5 + 6 seinen linken Arm, damit sie drehen kann. Mit der rechten Hand gibt er als Führungsimpuls einen leichten Druck zwischen 4 + 5, damit sie weiß, ob sie Promenade oder Solo tanzt.

Dame

D	Fuß	Richtung und Bewegung	Rhythmus	Kommando
1	RF	seit	S	seit
2	LF	schwingt zu RF, o.G	S	bei
3	LF	seit	S	seit
4	RF	schwingt zu LF, o.G Körper öffnet zur P.P.	S	bei
5	RF	vor entlang TR } eine ganze Drehung	S	drehen
6	LF	rück entlang TR } eine ganze Drehung	S	drehen
1a	RF	wie oben 1 wieder TH einnehmen		seit
2a	LF	wie oben 2		bei

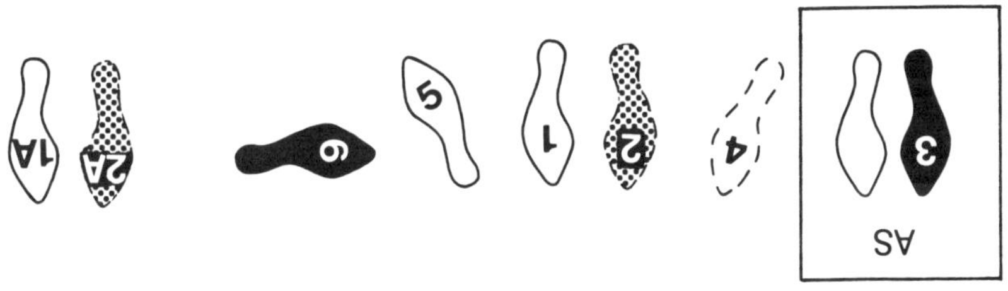

Bemerkungen:
Bei Schritt 4 kommt der Drehimpuls, bei 5, 6 bis zu Schritt 1 der nächsten Figur wird eine ganze Drehung gelaufen (!) nicht auf der Stelle.

Damensolo

1 seit S

2 bei S

5 drehen S

6 drehen S

3 seit S

4 bei S

1a seit S

2a bei

Foxtrott

Geschichte und Einleitung

Der Foxtrott (Fuchsgang) stammt aus Amerika und kam 1917 nach Europa. Er ist der lebhafteste Standardtanz und wird wohl auf allen Bällen oder sonstigen Veranstaltungen sehr oft gespielt. In Großbritannien wurde der Foxtrott zum Quickstep erweitert, wobei aber der Unterschied in der Geschwindigkeit der Musik und in der Ausführung des Grundschrittes liegt. Der Name Quickstep sagt schon aus, daß er zu schnellerer Musik getanzt wird. Das heißt, das Musikstück hat mehr Takte in der Minute. Nun anhand des Grundschrittes der andere Unterschied:
Der Foxtrottgrundschritt beginnt für den Herrn mit dem linken Fuß, und man tanzt: vor, vor, seit, ran; rück, rück, seit, ran.
Quickstepgrundschritt beginnt für den Herrn mit dem rechten Fuß, und man tanzt: vor, seit, ran, seit; rück, seit, ran, seit.
Mehr soll zu Anfang nicht gesagt werden, da Sie das nur unnötig verwirren könnte.
Um auf den Foxtrott zurückzukommen: Er ist ein Tanz, der in den Figuren, die den Grundstock bilden, sehr einfach ist. Der Foxtrott eignet sich also besonders für diejenigen unter Ihnen, die es ein bißchen flotter haben wollen, und denen der Blues bereits zu einfach erscheint.

Takt: 4/4-Takt. Für einen langsamen Schritt benötigen wir zwei Taktteile und für einen schnellen Schritt ein Taktteil.

Tempo: 36–52 Takte/Minute. Für den Anfänger empfiehlt es sich, mit 36 Takten/Minute zu beginnen und sich dann auf 48 bis 52 Takte in der Minute hochzutanzen.

Tanzrichtung: Hier gibt es jetzt zwei Möglichkeiten:
1. Der Herr steht Front zur Wand, das bedeutet, zu der Wand, die ihm am

nächsten ist. Er geht dann gerade auf diese Wand zu, oder wenn er rückwärts geht, gerade auf die Mitte zu.
2. Der Herr steht schräg zur Wand. Nun geht er schräg auf die Wand zu und dreht während des „seit/ran“ eine Vierteldrehung. Nach der Drehung geht er die nächsten Schritte schräg rückwärts zur Mitte des Raumes. Man kann auch sagen, wir tanzen eine Zick-Zack-Linie. Im Schrittdiagramm auf Seite 55 können Sie dies aber noch detaillierter sehen.

Tanzhaltung: Getanzt wird in der Standardhaltung – also in Tuchfühlung.

Fußarbeit: Bei Vorwärtsschritten bitte die Füße mit der Ferse ansetzen. Bei Rückwärtsschritten über die Ferse die Füße zurückziehen; die acht Schritte eines Grundschrittes des Herrn haben für ihn folgende Fußarbeit:

1	LF – Ferse		5	LF – Ballen flach	
2	RF – Ferse		6	RF – Ballen flach	
3	LF – Ballen		7	LF – Ballen	
4	RF – Ballen		8	RF – Ballen	

Schrittverbindungen: 1x Grundschritt
1x Kreuzschritt (Lockstep)
1x Rechtsdrehung
1x ein halber Grundschritt rückwärts
1x Linksdrehung

Lernhilfen: Lernen Sic am Anfang jede Figur separat für sich und fangen Sie mit dem Grundschritt an. Wenn Sie eine Figur beherrschen, tanzen Sie diese Figur erst eine Zeitlang ohne Musik und sprechen die Kommandos laut vor sich hin. Üben Sie erst als Paar, wenn jeder für sich seine Figur beherrscht. Ist dies der Fall, nehmen Sie die Musik hinzu und tanzen dazu im Takt, während der Herr dazu die Kommandos gibt. Wichtig meine Herren: nur am Anfang laut mitreden. Später, wenn Sie zur Musik tanzen, nur noch auf die Musik hören und nicht mehr dazu sprechen. Wenn Sie die erste Figur beherrschen, fangen Sie an, die nächste Figur zu lernen. Wenn Sie auch diese beherrschen, nicht gleich zur dritten Figur übergehen, sondern als erstes die erste Figur wiederholen und mit der zweiten Figur aneinandergereiht wiederholt tanzen.

Grundschritt (Vierteldrehung)

Herr

H	Fuß	Richtung und Bewegung	Rhythmus	Kommando
1	LF	vor	L	vor
2	RF	vor	L	vor
3	LF	seit	S	seit
4	RF	schließen	S	ran
5	LF	rück	L	rück
6	RF	rück	L	rück
7	LF	seit	S	seit
8	RF	schließen	S	ran

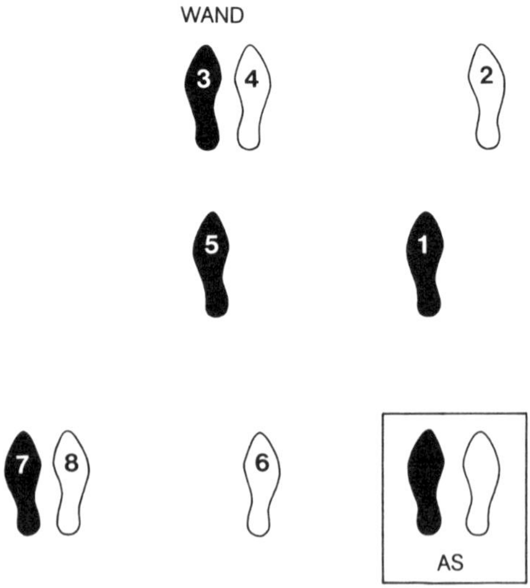

Dame

D	Fuß	Richtung und Bewegung	Rhythmus	Kommando
1	RF	rück	L	rück
2	LF	rück	L	rück
3	RF	seit	S	seit
4	LF	schließen	S	ran
5	RF	vor	L	vor
6	LF	vor	L	vor
7	RF	seit	S	seit
8	LF	schließen	S	ran

Bemerkungen:
Diese Figur kann man auf zwei Arten tanzen. Einmal wie hier abgebildet, das ist einfacher und ergibt folgendes Bild:

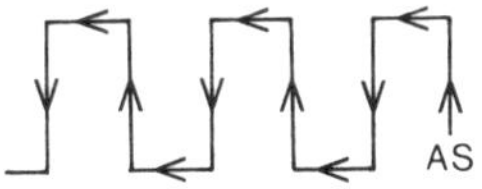

usw.

oder als Vierteldrehung:

usw.

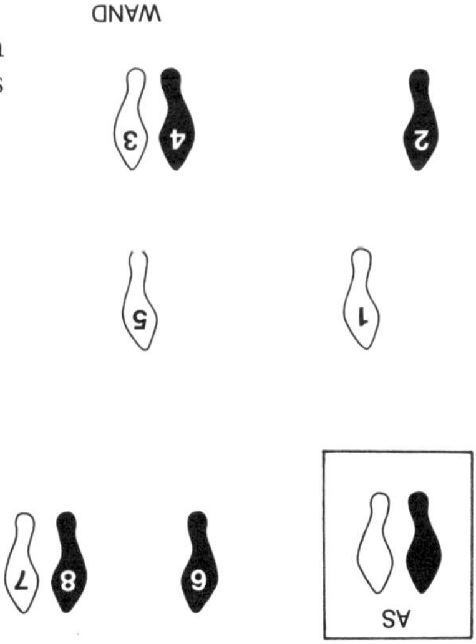

Grundschritt (Vierteldrehung)

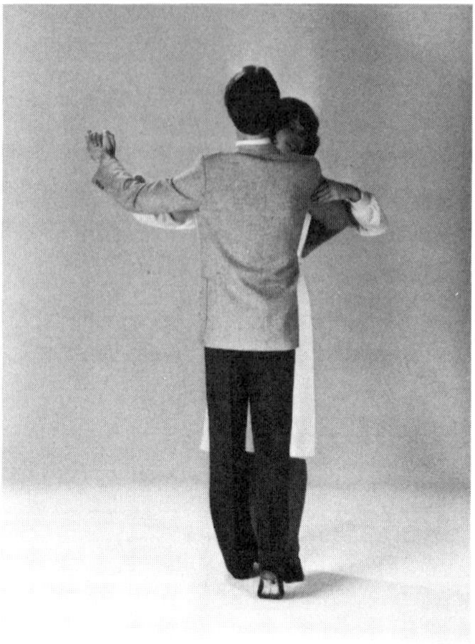

1 Schritt L

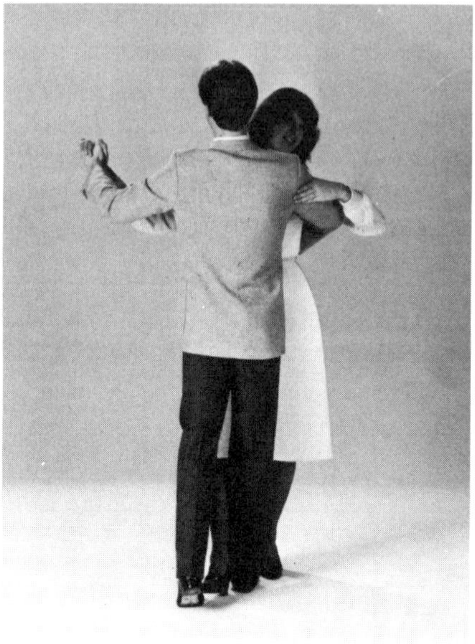

2 Schritt L

5 Schritt L

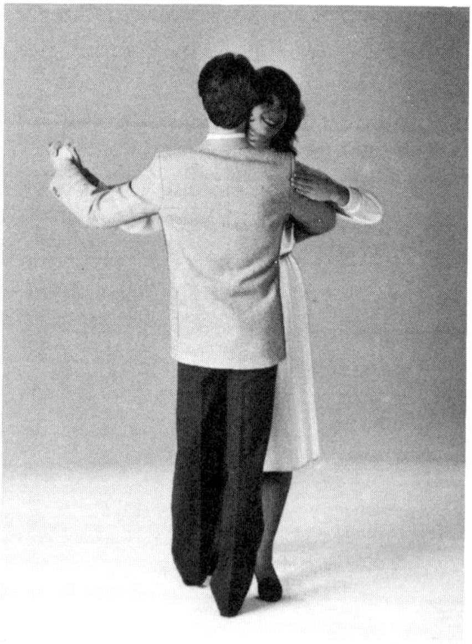

6 Schritt L

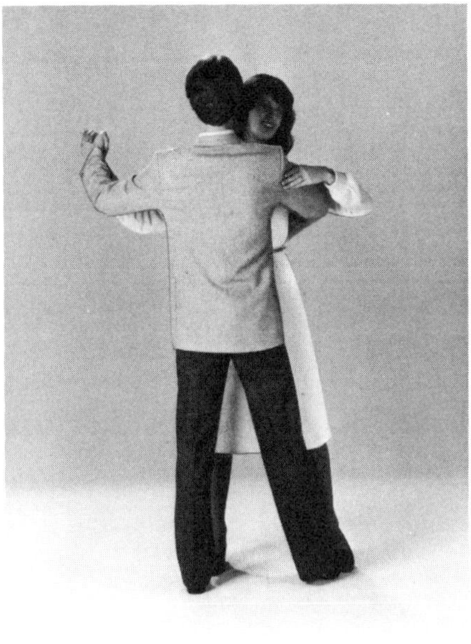

3 seit S

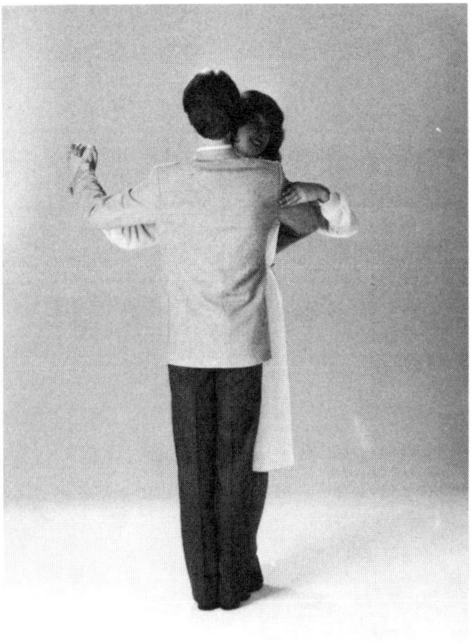

4 schließen S

7 seit S

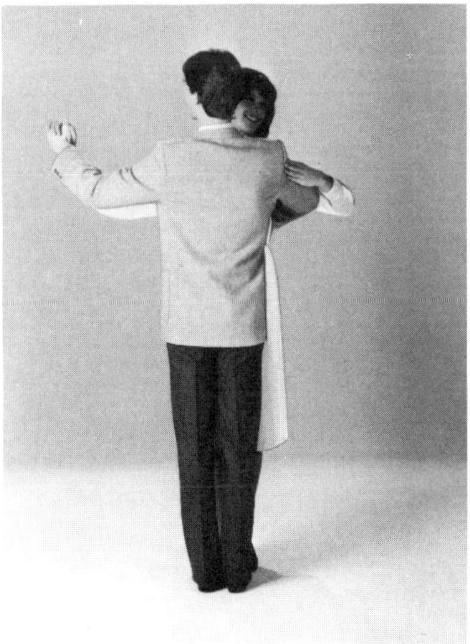

8 schließen S

Rechtsdrehung (Wiegeschrittdrehung rechts)

Herr

H	Fuß	Richtung und Bewegung	Rhythmus	Kommando
1	LF	vor	L	vor
2	RF	vor	L	vor
3	LF	seit mit einer Vierteldrehung rechts	S	seit
4	RF	schließen	S	ran
5	LF	schräg rück, Körper dreht nach rechts zur Wand	L	rück
6	RF	vor zwischen die Füße der Dame	L	vor
7	LF	seit	S	seit
8	RF	schließen	S	ran

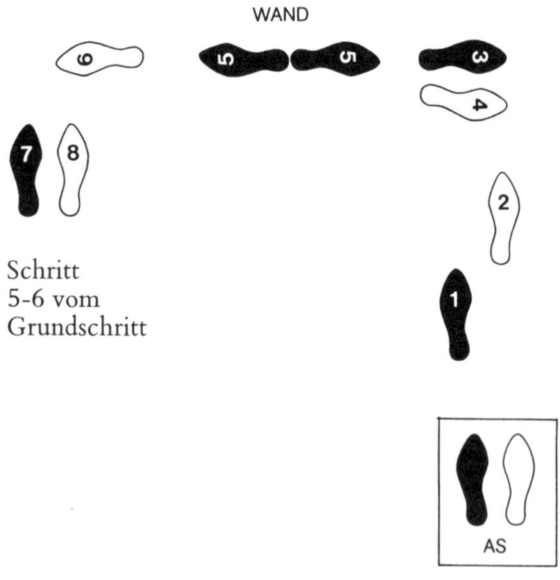

Schritt
5-6 vom
Grundschritt

Dame

D	Fuß	Richtung und Bewegung	Rhythmus	Kommando
1	RF	rück	L	rück
2	LF	rück	L	rück
3	RF	seit mit einer Vierteldrehung rechts	S	seit
4	LF	schließen	S	ran
5	RF	vor zwischen die Füße des Herrn	L	vor
6	LF	vor um den Herrn herumgehen	L	rück
7	RF	seit	S	seit
8	LF	schließen	S	ran

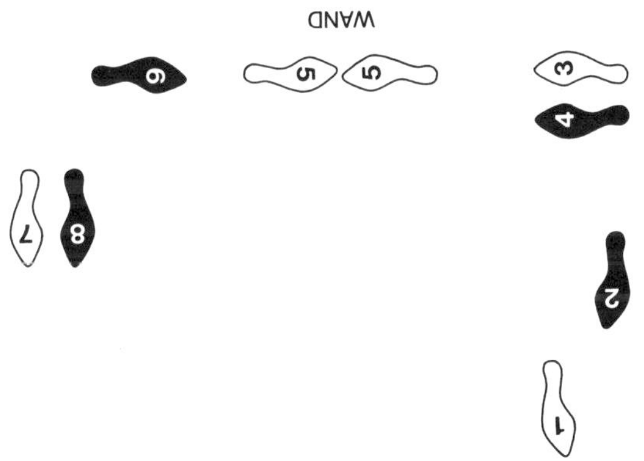

Bemerkungen:
Um die Drehung problemlos zu tanzen, wird Schritt 3 + 4 vom Grundschritt verändert – wir machen eine Viertelrechtsdrehung als Vorbereitung zur eigentlichen Drehung, während der Drehung unbedingt Tuchfühlung beihalten und den Fuß unter dem Partner lassen.

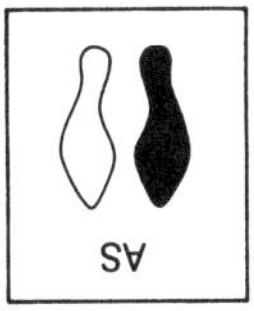

Rechtsdrehung (Wiegeschrittdrehung rechts)

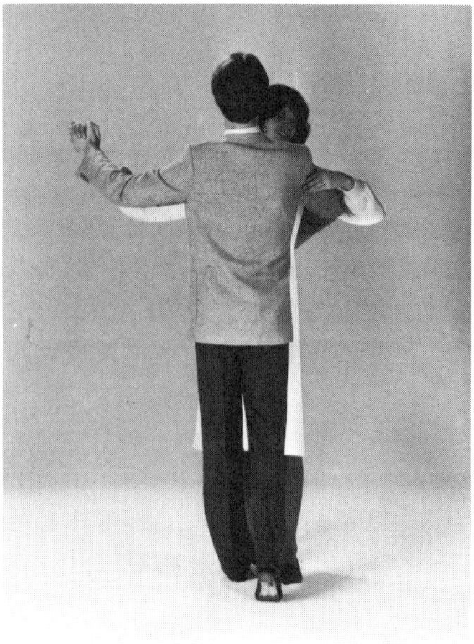

1 Schritt L

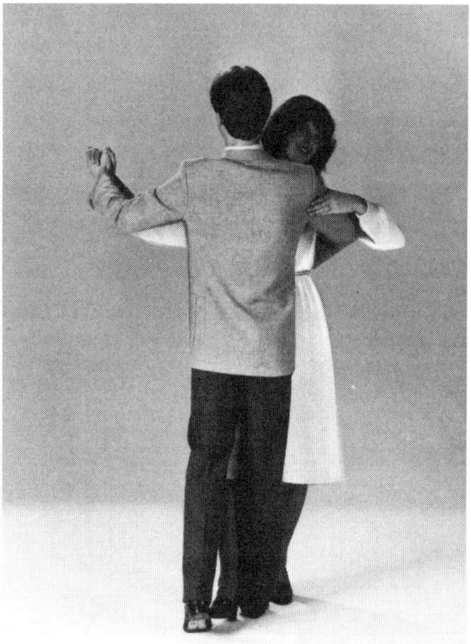

2 Schritt L

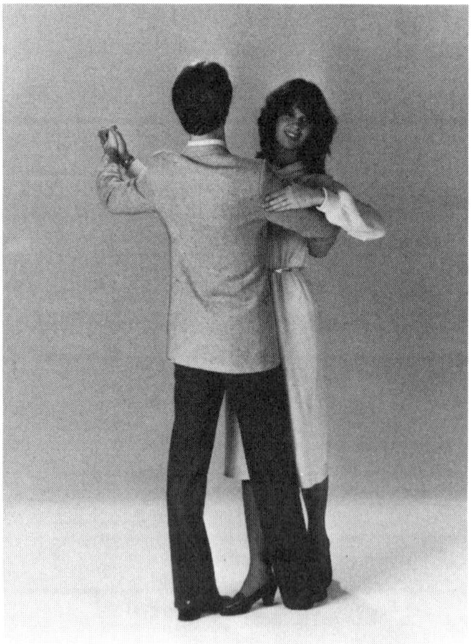

5 Wie- L

6 -ge L

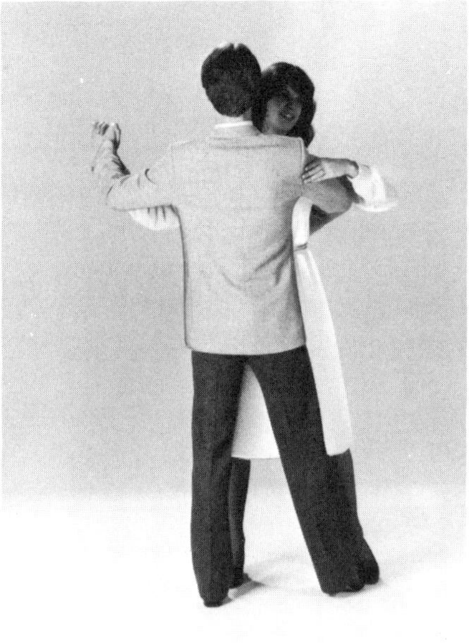

3 seit S

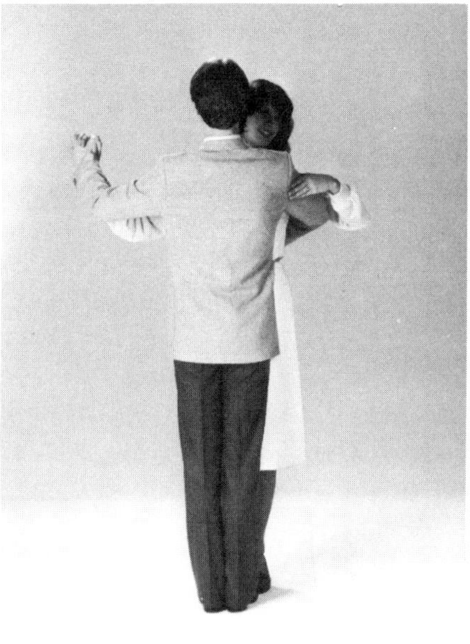

4 schließen S

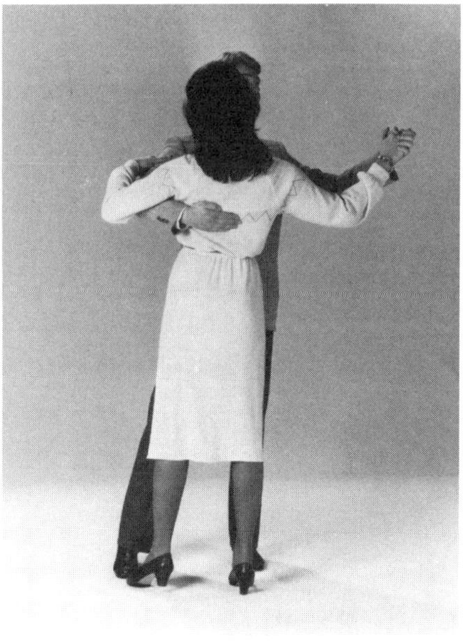

7 seit S

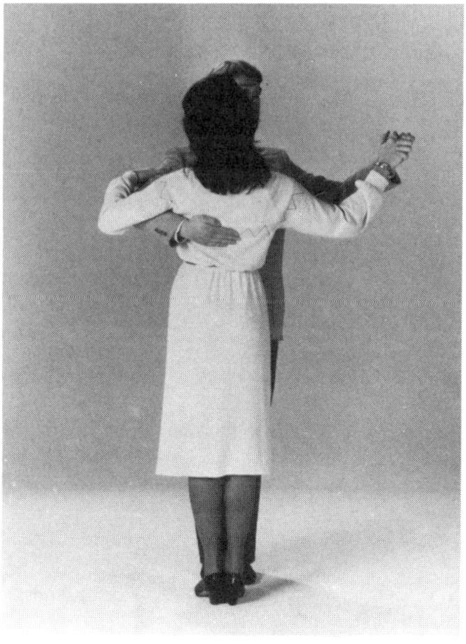

8 schließen S

Linksdrehung (Wiegeschrittdrehung links)

Herr

H	Fuß	Richtung und Bewegung	Rhythmus	Kommando
1	LF	schräg vor, Körper dreht nach links zur Mitte	L	vor
2	RF	rück	L	rück
3	LF	seit	S	seit
4	RF	schließen	S	ran
5	LF	rück	L	rück
6	RF	rück	L	rück
7	LF	seit mit einer Vierteldrehung links	S	seit
8	RF	schließen	S	ran

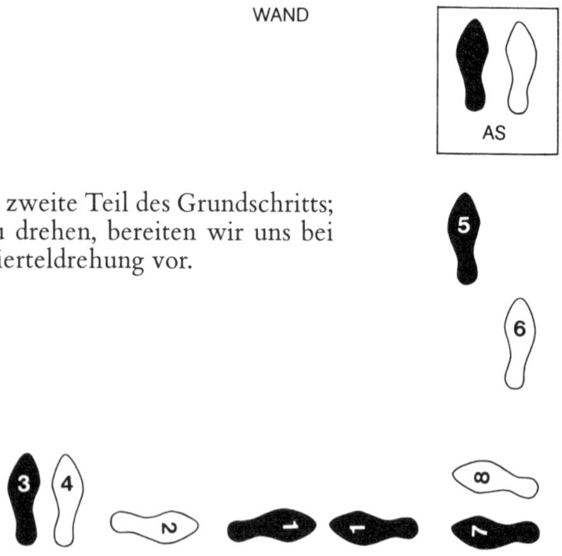

Bemerkungen:
Schritt 5 bis 8 sind der zweite Teil des Grundschritts; um bei 1-4 optimal zu drehen, bereiten wir uns bei Schritt 7 durch eine Vierteldrehung vor.

Dame

D	Fuß	Richtung und Bewegung	Rhythmus	Kommando
1	RF	rück	L	rück
2	LF	vor, belasten	L	vor
3	RF	seit	S	seit
4	LF	schließen	S	ran
5	RF	vor	L	vor
6	LF	vor	L	vor
7	RF	seit mit einer Vierteldrehung links	S	seit
8	LF	schließen	S	ran

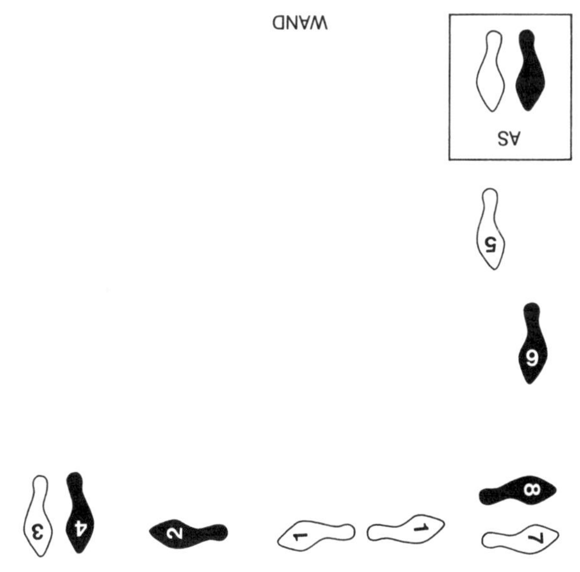

Linksdrehung (Wiegeschrittdrehung links)

1 Schritt L

2 Schritt L

5 Wie- L

6 -ge L

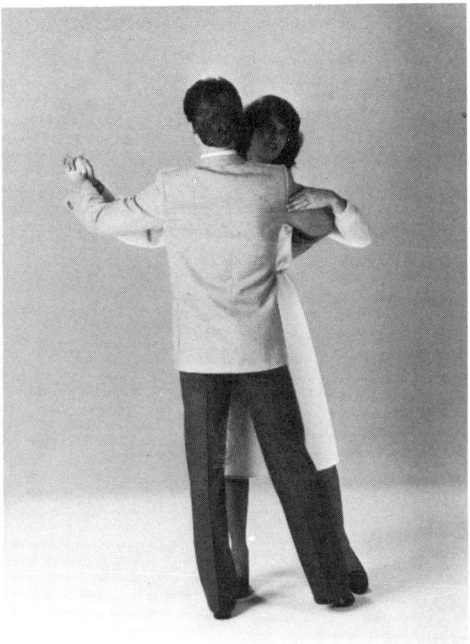

3 seit S

4 schließen S

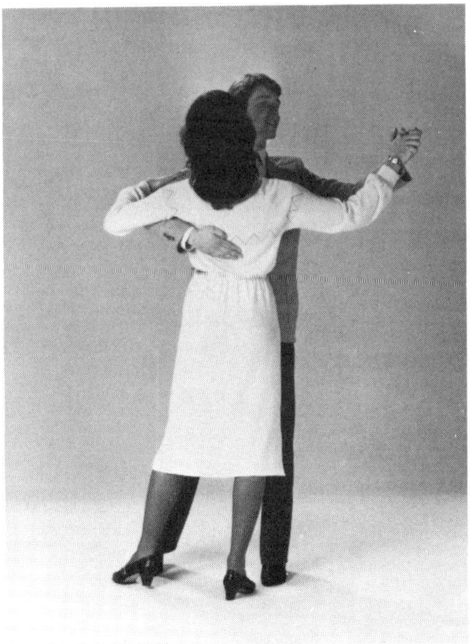

7 seit S

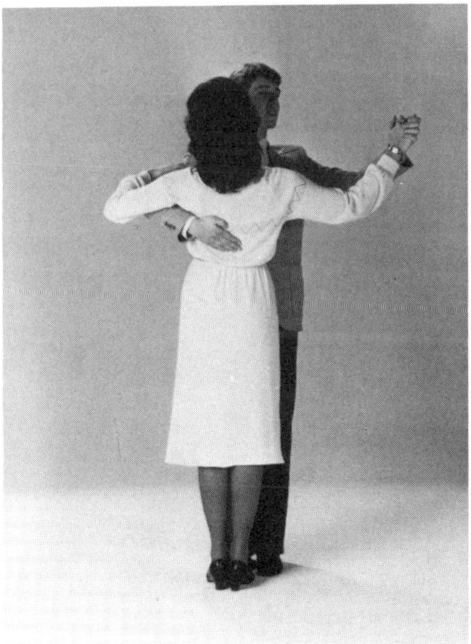

8 schließen S

Kreuzschritt (Lockstep)

Herr

H	Fuß	Richtung und Bewegung	Rhythmus	Kommando
1	LF	vor	L	vor
2	RF	vor	L	vor
3	LF	vor	S	vor
4	RF	kreuzt hinter LF	S	kreuz
5	LF	vor	L	vor
6	RF	vor	L	vor
7	LF	seit	S	seit
8	RF	schließen	S	ran

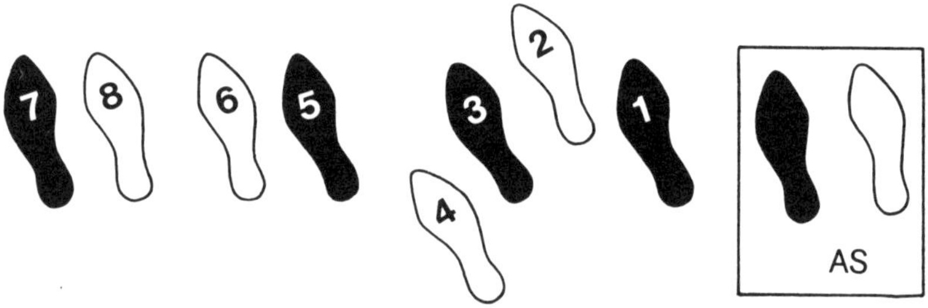

Bemerkungen:
Jeden Schritt mit Gewicht setzen! Achtung bei „hinter"- bzw. „vor"-kreuzen nicht den gleichen Fuß zweimal nehmen. Diese Figur läuft entlang der Wand, immer im gleichen Abstand, der Körper jedoch steht diagonal zur Wand (siehe auch Foxtrott „Einleitung").

Dame

D	Fuß	Richtung und Bewegung	Rhythmus	Kommando
1	RF	rück	L	rück
2	LF	rück	L	rück
3	RF	rück	S	rück
4	LF	kreuzt vor RF	S	kreuz
5	RF	rück	L	rück
6	LF	rück	L	rück
7	RF	seit	S	seit
8	LF	schließen	S	ran

Kreuzschritt (Lockstep)

1 Schritt L

2 Schritt L

5 Schritt L

6 Schritt L

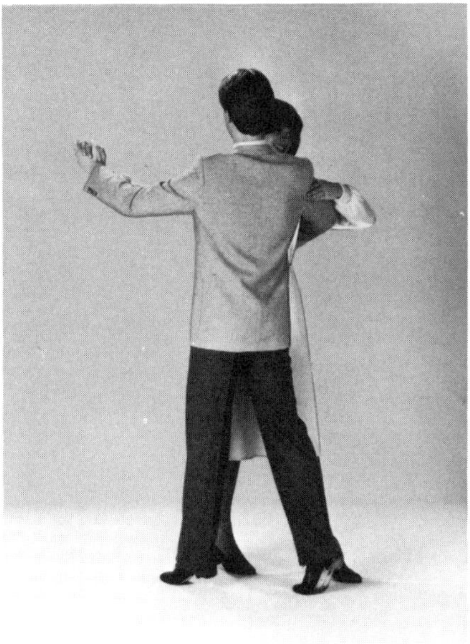

3 Schritt S

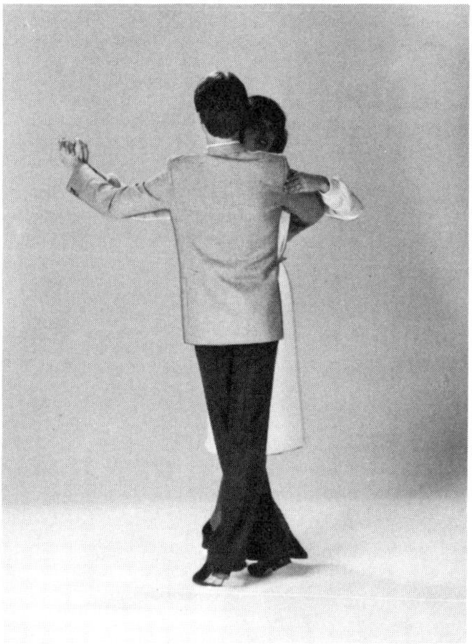

4 kreuz S

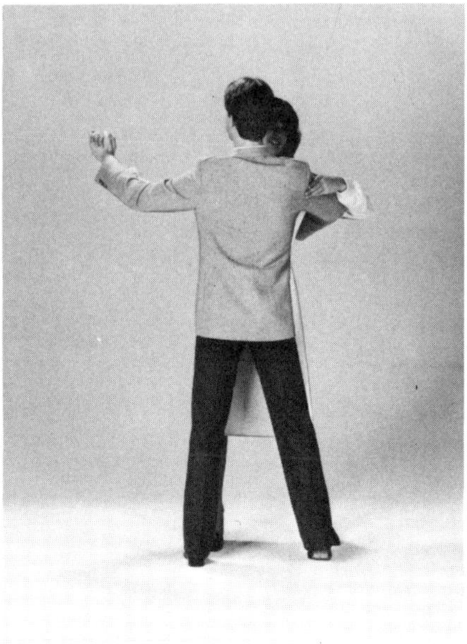

7 seit S

8 schließen S

Langsamer Walzer

Geschichte und Einleitung

Der langsame Walzer ist sicherlich einer der schönsten Gesellschaftstänze und wird durch ruhige, runde, weiche und fließende Bewegungen gekennzeichnet. Es ist ein Tanz, der auch noch in hundert Jahren getanzt werden wird, so wie er schon vor hundert Jahren getanzt worden ist. Er ist ursprünglich aus dem „Ländler" hervorgegangen. Dadurch, daß er zu den gemütlichen Tänzen gehört, spielt das Alter des Tänzers überhaupt keine Rolle. Es ist immer wieder schön zu beobachten, wenn sich Jung und Alt beim langsamen Walzer auf dem Parkett treffen.

Takt: 3/4-Takt. Alle Schritte werden gleich schnell ausgeführt, d.h., jeder Taktteil ist ein Schritt. Erst bei schwierigeren Figuren ist es möglich, daß es da zu Verschiebungen kommt.
Wichtig ist es, den Schritt 1 bzw. Schritt 4 auf den ersten Taktteil im Takt zu setzen.

Tempo: 30–32 Takte/Minute. Für den Anfänger jedoch empfiehlt es sich, noch langsamere Musiken zu verwenden, damit er den Rhythmus richtig kennenlernt und seine Schritte richtig danach setzt.

Tanzrichtung: Der Herr beginnt Front in Tanzrichtung. Später jedoch, wenn Sie alle Figuren beherrschen und Ihre Figurenfolge mit der Rechtsdrehung beginnen, empfiehlt es sich, als Herr schräg zur Wand zu beginnen.

Tanzhaltung: Getanzt wird in der Standardhaltung – also in Tuchfühlung.

Fußarbeit, Heben und Senken: Wie bei allen Standardtänzen werden auch hier Vorwärtsschritte auf der Ferse angesetzt und Rückwärtsschritte Ballen flach. Ballen flach deshalb, damit Sie nicht auf der Spitze tanzen und zu hartes „Heben und Senken" Ihren Bewegungsablauf stören. Während der Schritte 2 und 3 (seit-ran) ist die Fußarbeit beide Male Ballen. Dies deutet schon an, daß Sie ein wenig in einer erhobenen Position stehen. Diese erhobene Position nutzen Sie aus, indem Sie sich für den nächsten Schritt ein wenig Schwung geben.
Resümee: Das Heben und Senken brauchen Sie, um den Schwung auszulösen und diesen zu kontrollieren. Außerdem verleihen wir unserem Tanzstil mehr tänzerischen Ausdruck.
Fußarbeit: Grundschritt des Herrn

1	RF – Ferse		4	LF – Ballen flach	
2	LF – Ballen		5	RF – Ballen	
3	RF – Ballen		6	LF – Ballen	

Schrittverbindungen: 2x eine halbe Rechtsdrehung.
1x ein halber Grundschritt 1. Teil (RF – vor, LF – seit, RF – schließen) als Übergang in die Linksdrehung.
2x eine halbe Linksdrehung
1x ein halber Grundschritt 2. Teil (LF – vor, RF – seit, LF – schließen) als Übergang in die Rechtsdrehung.

Lernhilfen: Es empfiehlt sich, auch im langsamen Walzer mit dem Grundschritt zu beginnen, um als erstes das Prinzip des – Schritt, seit, ran – zu erlernen. So einfach das Ihnen jetzt erscheint, um so mehr muß ich Sie auf die Fehler aufmerksam machen, die am Anfang gerne gemacht werden. Als erstes gehen die Herren ihre Vorwärtsschritte zu zaghaft an. Bitte, meine Herren, setzen Sie Ihre Schritte weit und raumgreifend vorwärts, d. h. wenn RF vorwärts dran ist, genau zwischen die Füße der Dame. Noch etwas haben Sie zu beachten meine Herren: Sollten Sie der Dame einmal auf den Fuß treten, so ist das nicht Ihre Schuld, da die Dame in diesem Fall den Fehler begangen hat. Sie hat nämlich ihren Schritt zu klein getanzt und hätte ihren Fuß weiter zurückziehen müssen. Sehr wichtig ist auch, daß Sie sich genau an die Reihenfolge der im Buch aufgezeigten Figuren halten. Nach dem Grundschritt erst das Rechtscarré lernen und dann die Vierteldrehung rechtsherum. Diese Vierteldrehung wird sehr gerne übersprungen, da viele von Ihnen bereits die halbe Drehung lernen wollen. Dies ist ein ganz großer Fehler und kommt Ihrem weiteren „Tanzen lernen Schritt für Schritt“ nicht zugute. Denn mit Hilfe der Vierteldrehung erlernen Sie langsam das richtige Drehen und lernen außerdem, die Übersicht beim Führen der Dame zu behalten. Erst wenn Sie dies beherrschen, können Sie in jedem Tanzsaal mittanzen und behindern keine anderen Paare.

Folgende Figuren werden erklärt und erläutert:
1. Grundschritt, 2. Rechtscarré, 3. Vierteldrehung rechts herum, 4. Rechtsdrehung, 5. Linksdrehung.

Grundschritt

Herr

H	Fuß	Richtung und Bewegung	Rhythmus	Kommando
1	RF	vor	L	vor
2	LF	seit	L	seit
3	RF	schließen	L	ran
4	LF	vor	L	vor
5	RF	seit	L	seit
6	LF	schließen	L	ran

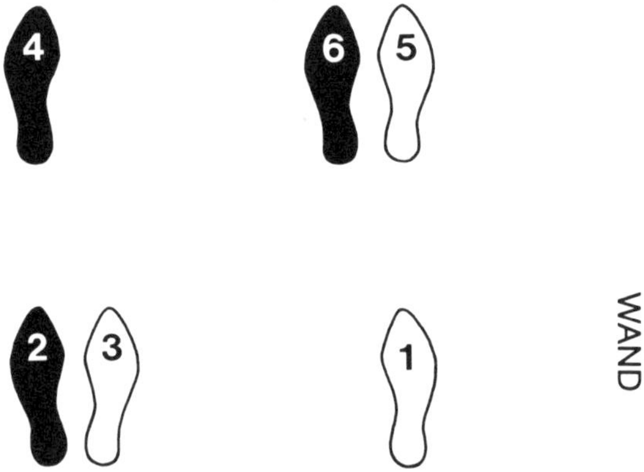

Bemerkungen:
Dieser Schritt dient später als Verbindungsschritt zwischen Links- und Rechtsdrehung (und zwar nur 1-3 oder 4-6).
Alle sechs zusammen können natürlich auch als Figur getanzt werden.

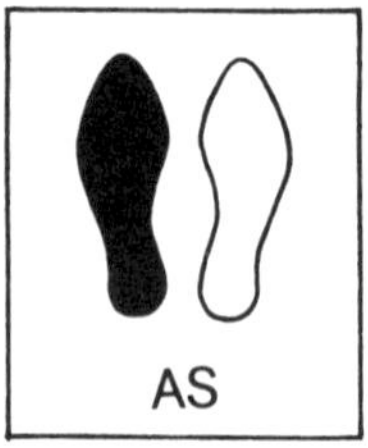

Dame

D	Fuß	Richtung und Bewegung	Rhythmus	Kommando
1	LF	rück	L	rück
2	RF	seit	L	seit
3	LF	schließen	L	schließen
4	RF	rück	L	rück
5	LF	seit	L	seit
6	RF	schließen	L	schließen

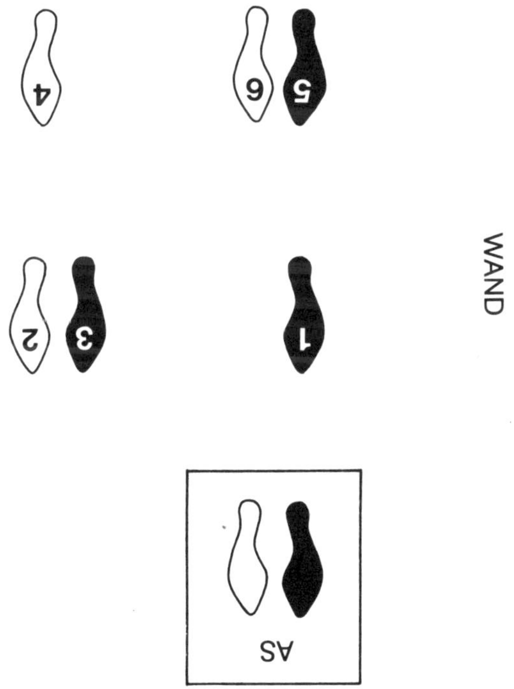

Grundschritt

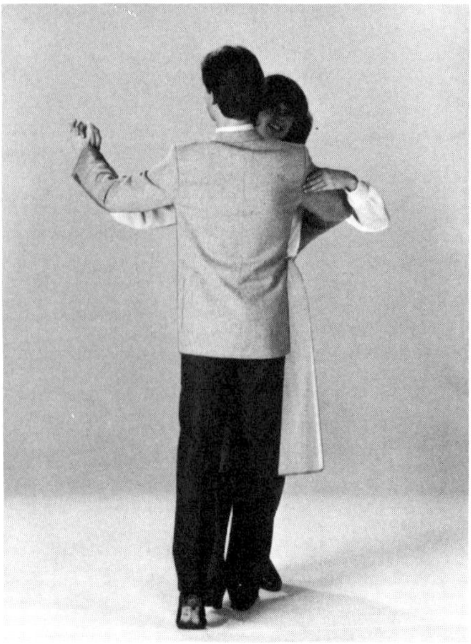

1 gerade L

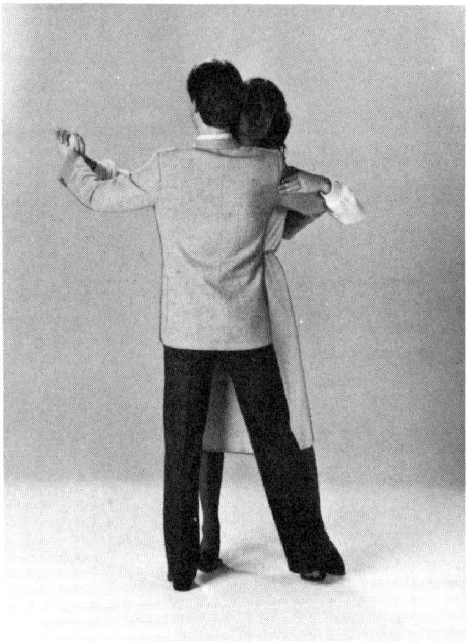

2 seit L

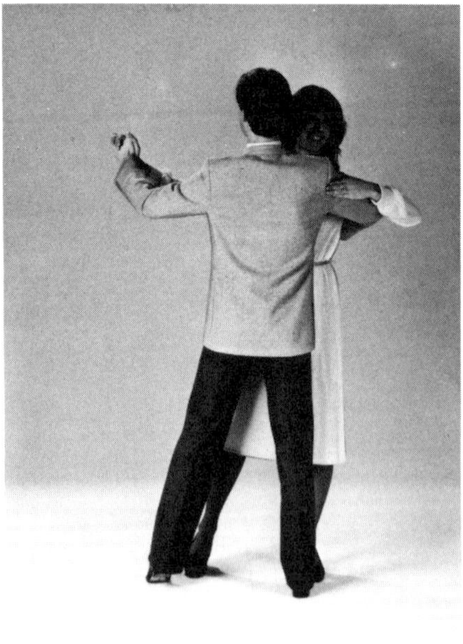

5 seit L

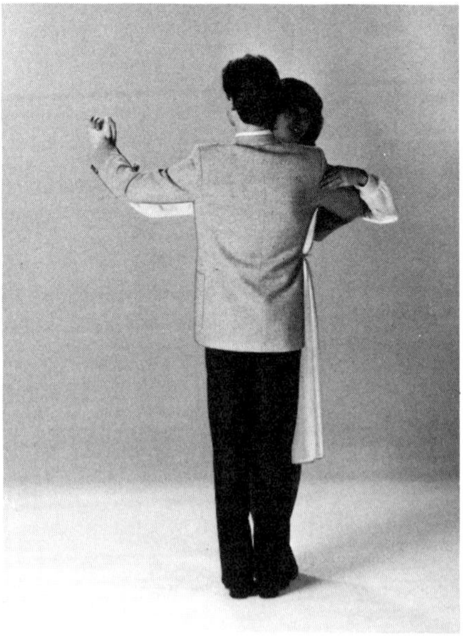

6 schließen L

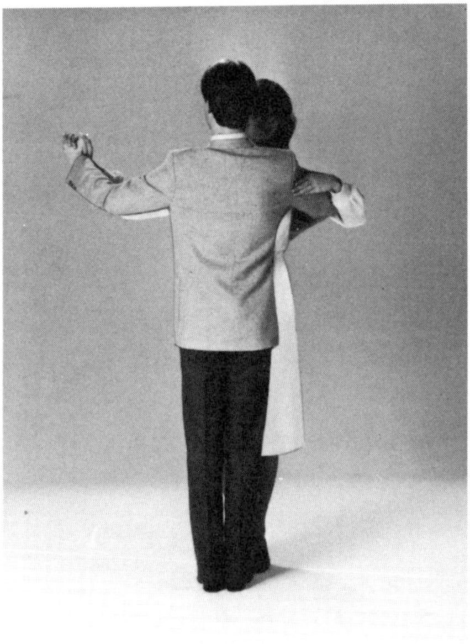

3 schließen L

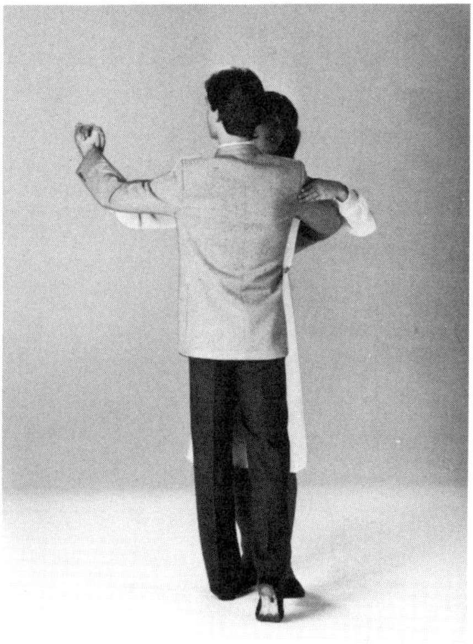

4 gerade L

Rechtscarré

Herr

H	Fuß	Richtung und Bewegung	Rhythmus	Kommando
1	RF	vor	L	vor
2	LF	seit	L	seit
3	RF	schließen	L	ran
4	LF	rück	L	vor
5	RF	seit	L	seit
6	LF	schließen	L	ran

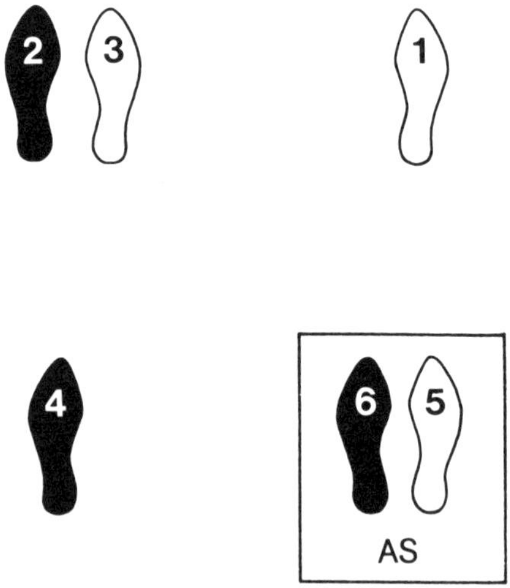

Bemerkungen:
Dieses ist nur eine Übungsfigur, später wird daraus einmal die halbe Rechtsdrehung. Schritt 1-3 des Herrn ist identisch mit 4-6 der Dame; Schritt 4-6 des Herrn entspricht 1-3 der Dame.

Dame

D	Fuß	Richtung und Bewegung	Rhythmus	Kommando
1	LF	rück	L	rück
2	RF	seit	L	seit
3	LF	schließen	L	ran
4	RF	vor	L	rück
5	LF	seit	L	seit
6	RF	schließen	L	ran

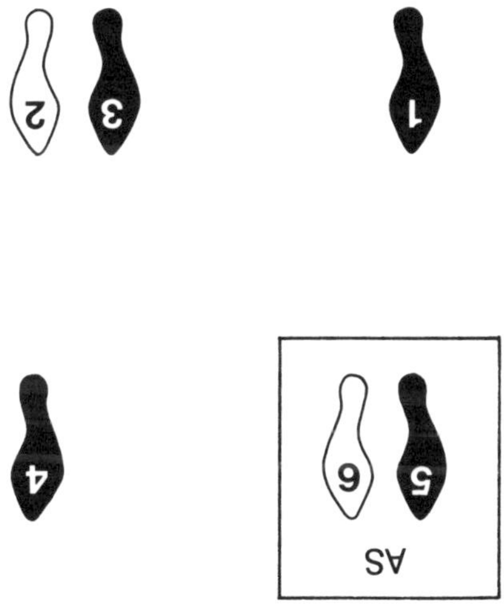

Rechtscarré

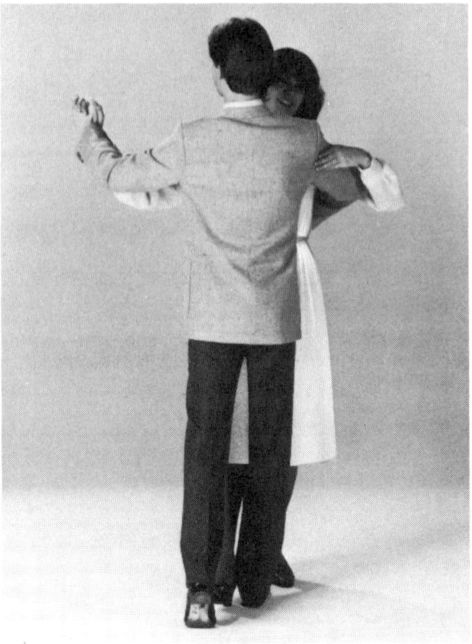

1 Schritt 1

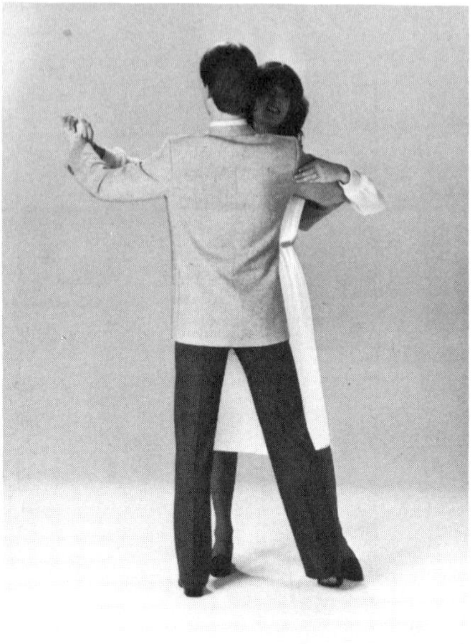

2 seit 2

5 seit 2

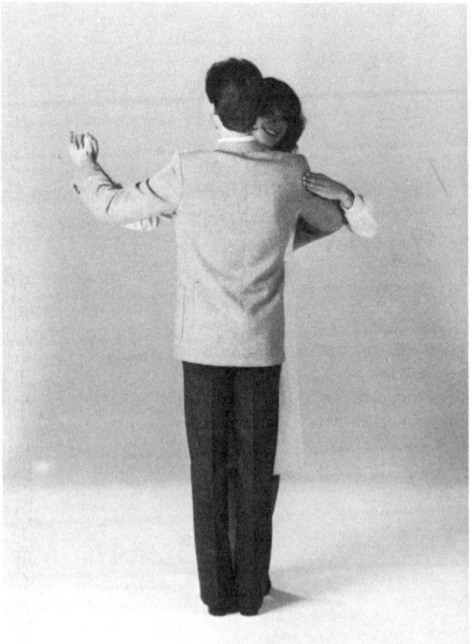

6 ran 3

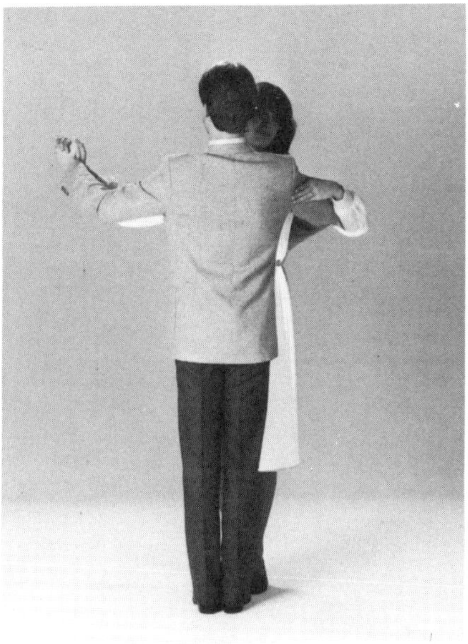

3 ran 3

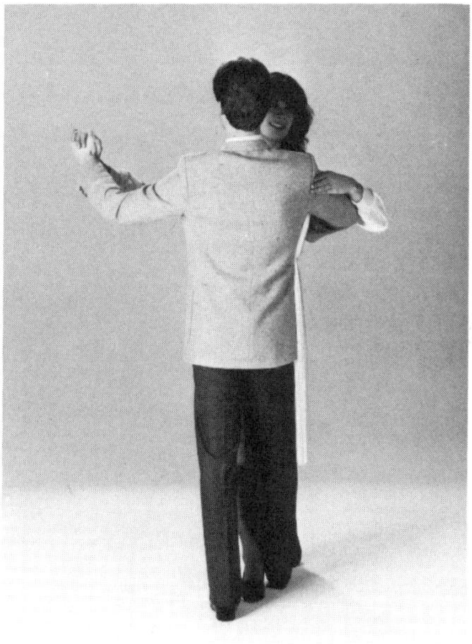

4 Schritt 1

Vierteldrehung rechtsherum

Herr

H	Fuß	Richtung und Bewegung		Rhythmus	Kommando
1	RF	vor		L	drehen
2	LF	seit	eine Vierteldrehung n. rechts	L	seit
3	RF	schließen		L	ran
4	LF	rück		L	drehen
5	RF	seit	eine Vierteldrehung n. rechts	L	seit
6	LF	schließen		L	ran
Schritte 1-6 wiederholen, um Drehung (1/1) zu vollenden.					

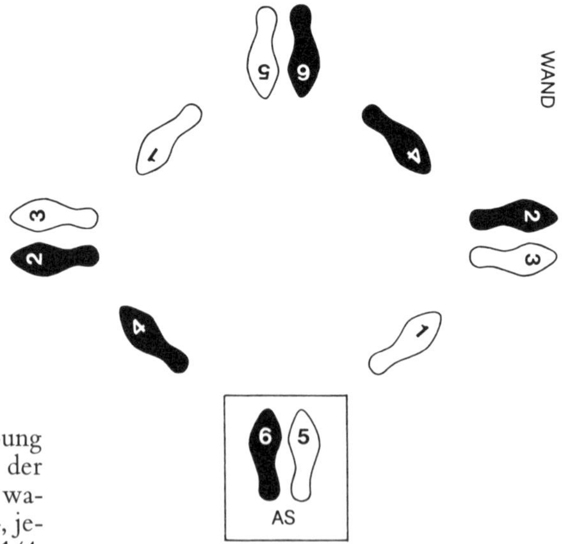

Bemerkungen:
Dies ist die zweite Übung für die halbe Drehung der Rechtsdrehung. Hier wagen wir uns an 4 x 1/4, jeweils drei Schritte für 1/4, da Sie sicher vier Wände haben, also von Wand zu Wand.

Dame

D	Fuß	Richtung und Bewegung		Rhythmus	Kommando
1	LF	rück	eine Vierteldrehung n. rechts	L	drehen
2	RF	seit		L	seit
3	LF	schließen		L	ran
4	RF	vor	eine Vierteldrehung n. rechts	L	drehen
5	LF	seit		L	seit
6	RF	schließen		L	ran
Schritte 1-6 wiederholen, um Drehung (1/1) zu vollenden.					

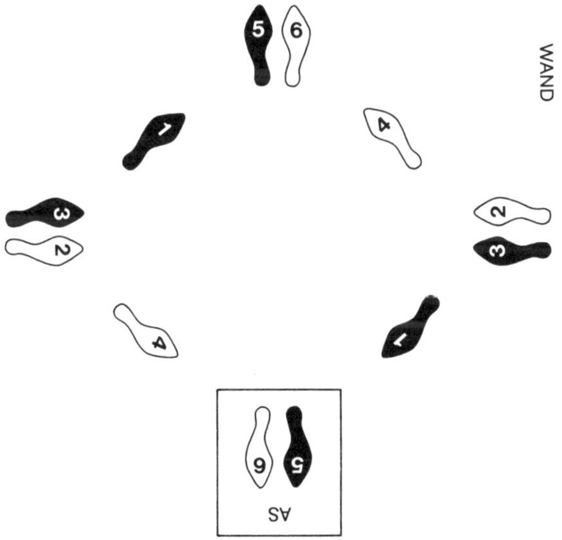

Vierteldrehung rechtsherum

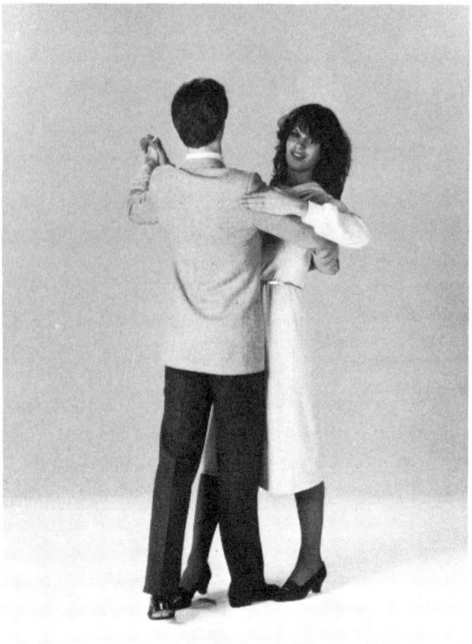

1 drehen L

2 seit L

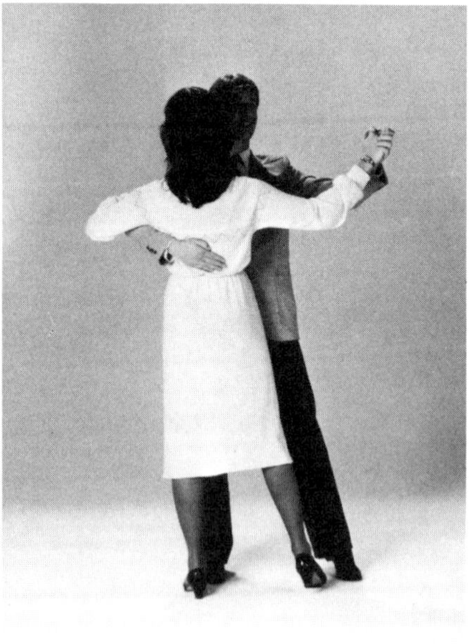

5 seit L

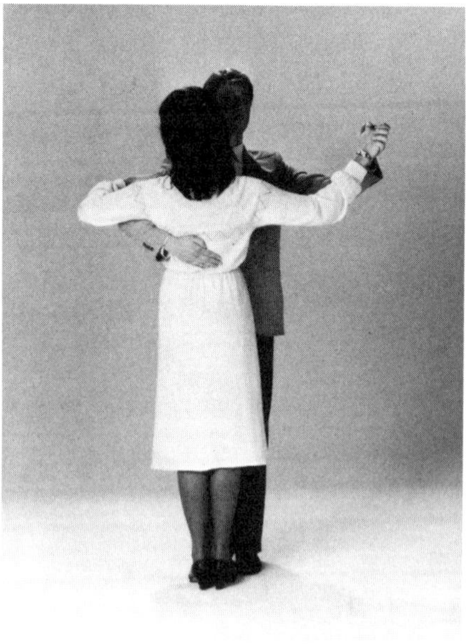

6 schließen L

3 schließen L

4 drehen L

Rechtsdrehung (2 x 1/2)

Herr

H	Fuß	Richtung und Bewegung		Rhythmus	Kommando
1	RF	vor	eine halbe Drehung n. rechts	L	drehen
2	LF	seit		L	seit
3	RF	schließen		L	ran
4	LF	rück	eine halbe Drehung n. rechts	L	drehen
5	RF	seit		L	seit
6	LF	schließen		L	ran

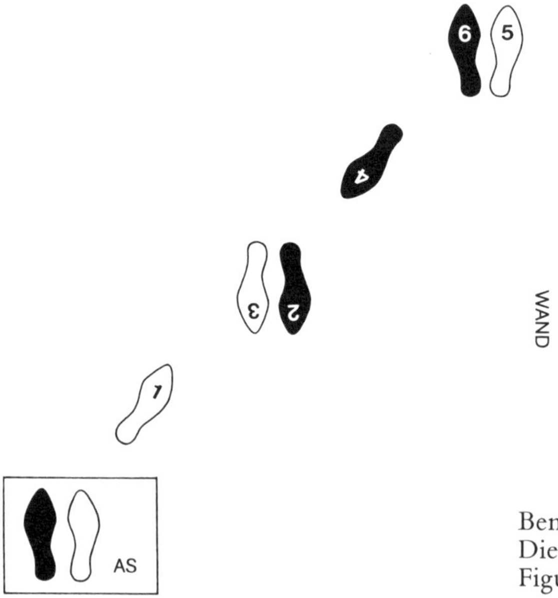

Bemerkungen:
Dies ist die wichtigste Figur im langsamen Walzer, die vorherige Figur tanzen Sie sicherlich auf voller Fläche, diese wenn Sie Platz und Raum haben.

Dame

D	Fuß	Richtung und Bewegung		Rhythmus	Kommando
1	LF	rück	eine halbe Drehung n. rechts	L	drehen
2	RF	seit		L	seit
3	LF	schließen		L	ran
4	RF	vor	eine halbe Drehung n. rechts	L	drehen
5	LF	seit		L	seit
6	RF	schließen		L	ran

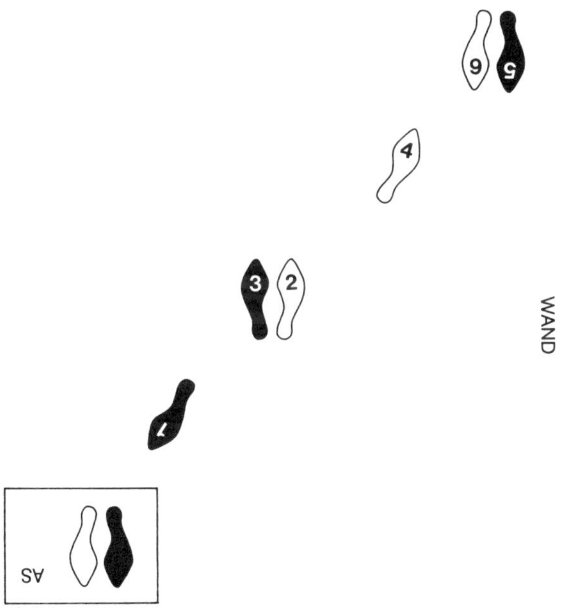

Rechtsdrehung (2 x 1/2)

1 drehen L

2 seit L

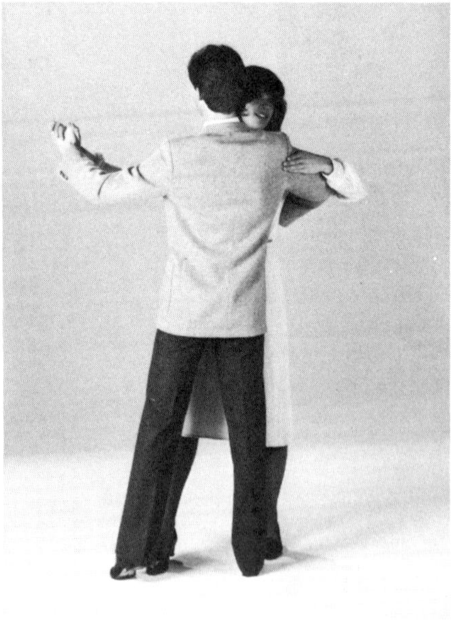

5 seit L

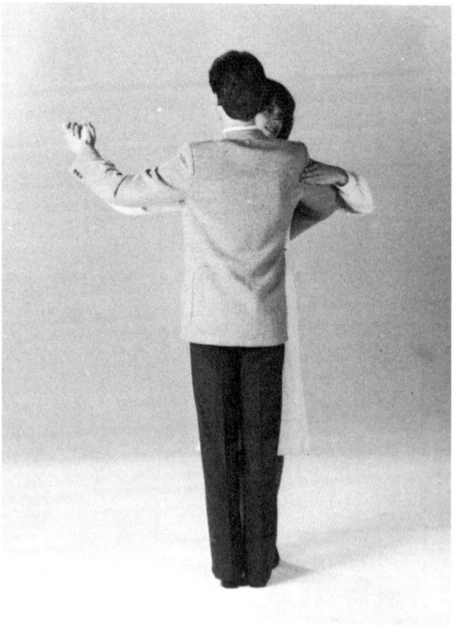

6 schließen L

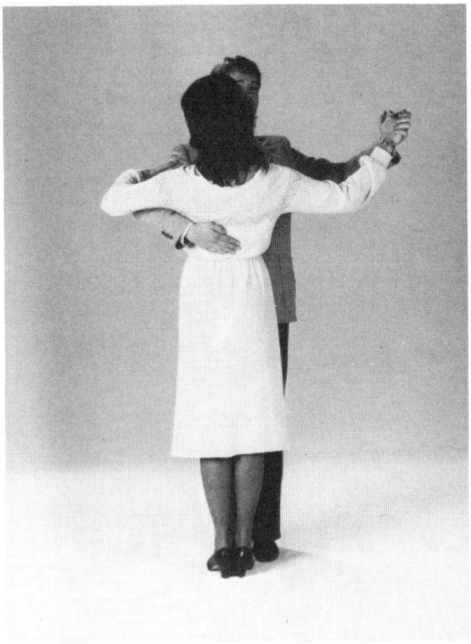

3 schließen L

4 drehen L

Linksdrehung (2 x 1/2)

Herr

H	Fuß	Richtung und Bewegung		Rhythmus	Kommando
1	LF	vor	eine halbe Drehung n. links	L	drehen
2	RF	seit		L	seit
3	LF	schließen		L	ran
4	RF	rück	eine halbe Drehung n. links	L	drehen
5	LF	seit		L	seit
6	RF	schließen		L	ran

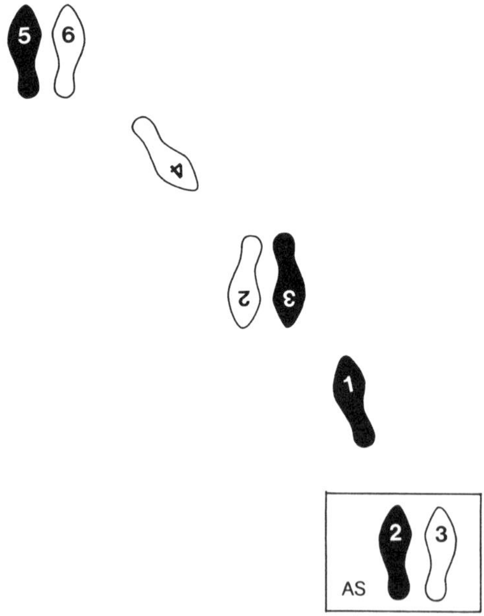

Bemerkungen:
Diese Figur ist etwas schwieriger, versuchen Sie diese auch erst mit Vierteldrehungen, dann mit halben Drehungen. Tuchfühlung ist wichtig.

Dame

D	Fuß	Richtung und Bewegung	Rhythmus	Kommando
1	RF	rück	L	drehen
2	LF	seit	L	seit
3	RF	schließen	L	ran
4	LF	vor	L	drehen
5	RF	seit	L	seit
6	LF	schließen	L	ran

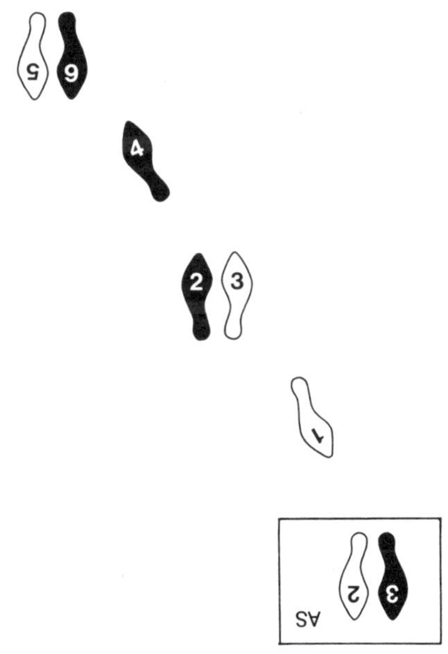

Linksdrehung (2 x 1/2)

1 drehen L

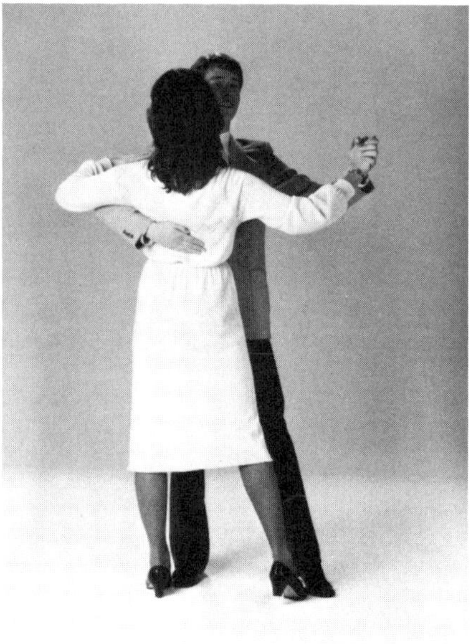

2 seit L

5 seit L

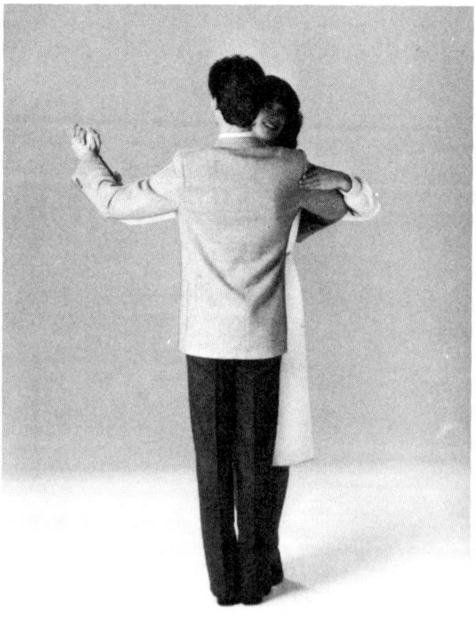

6 schließen L

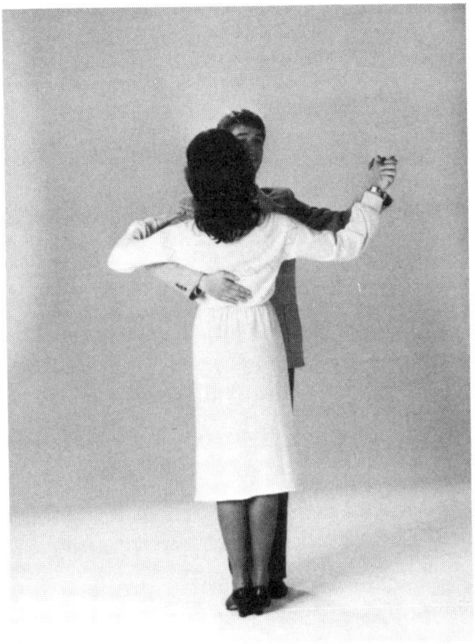

3 schließen L

4 drehen L

Wiener Walzer

Geschichte und Einleitung

Der Wiener Walzer ist der Tanz, den vielleicht jeder in seinem Leben am meisten tanzen wird. Sagt man dies allerdings Jugendlichen, so schütteln diese meist ungläubig den Kopf, weil sie diesen Tanz für altmodisch halten. Doch dies ist nicht der Fall, und man kann auf Bällen oder sonstigen Veranstaltungen immer wieder beobachten, wie gerne der Wiener Walzer getanzt wird. Anlässe zum Tanzen des Wiener Walzers gibt es genug, ist er doch der Jubiläumstanz schlechthin. Z. B. bei Hochzeiten, an Silvester, Geburtstagen und ähnlichen Veranstaltungen ist der Wiener Walzer der Höhepunkt dieser Festlichkeiten. Es steht außer Frage, daß der Wiener Walzer unser ältester Gesellschaftstanz ist. Er hat seinen Ursprung im „Ländler" und bekam seinen Namen erst gegen Ende des 18. Jahrhunderts, als die Wiener anfingen, Gefallen an diesem Tanz zu finden und Komponisten wie Joseph Lanner, Johann Strauß Vater und Sohn, die wunderschönen Musiken komponierten, zu denen man Wiener Walzer einfach tanzen „mußte".

Takt: 3/4-Takt. Wie schon beim langsamen Walzer sollten Sie darauf achten, die Schritte 1 und 4 einer jeden Figur auf den ersten Taktschlag zu setzen. Um den richtigen Takt bzw. Rhythmus zu finden, klatschen Sie zur Musik in die Hände, d. h. zu jedem Taktteil immer klatschen.

Tempo: 60 Takte/Minute, also doppelt so schnell wie beim langsamen Walzer.

Tanzrichtung: Man beginnt Front in Tanzrichtung und tanzt mit den halben Drehungen immer außen herum im Saal, also immer an der Wand entlang. Häufig kommt es vor, daß man diese halben Drehungen nicht so ganz schafft. In diesem Fall tanzt man den Pendelschritt und dreht dabei in die Tanzrichtung zurück.

Tanzhaltung: Getanzt wird in der Standardhaltung – also in Tuchfühlung.

Fußarbeit: Wie schon beim langsamen Walzer haben Sie die Vorwärtsschritte mit der Ferse anzusetzen,

z. B. 1x Rechtsdrehung	1	Ferse	3	Ballen	5	Ballen
	2	Ballen	4	Ballen flach	6	Ballen

Schrittverbindungen:

Für den Anfänger: 2x Pendelschritt
2x Rechtsdrehung
2x Pendelschritt
2x Rechtsdrehung

Dies ist so zu verstehen, daß Sie die Rechtsdrehung erst mit einer Vierteldrehung tanzen, bevor Sie zur halben Drehung übergehen.

Für den Fortgeschrittenen: 2x Rechtsdrehung
1x Übergang von rechts nach links
2x Linksdrehung
1x Übergang von links nach rechts

Für den Supertänzer: 4x Rechtsdrehung
1x Übergang von rechts nach links
3x Linksdrehung
1x Übergang von links nach rechts

Lernhilfen: Im eigenen Interesse sollten Sie zuerst den langsamen Walzer lernen, da er in seinen Grundfiguren mit dem Wiener Walzer identisch ist. Nehmen Sie sich auch die Lernhilfen des langsamen Walzers zur Hilfe. Beginnen Sie, den Wiener Walzer so zu lernen, wie Sie den langsamen Walzer gelernt haben. Fangen Sie mit der Vierteldrehung an und gehen Sie erst langsam zur halben Drehung über. Um den Wiener Walzer richtig und schwungvoll zu tanzen, ist es wichtig, daß nicht nur der Herr den Schwung gibt, sondern auch die Dame ihren Teil dazu beiträgt, daß der Tanz schwungvoll getanzt wird.

Egal ob Herr oder Dame: Wer mit dem Vorwärtsteil einer Figur dran ist, gibt den Schwung und ist somit auch für den Schwung verantwortlich. Um dies zu lernen, könnten Ihre Kommandos auch folgendermaßen sein, z. B. bei einer Rechtsdrehung:

Schritt 1 2 3, Schwung der Herr.
Schritt 4 5 6, Schwung die Dame.

Als letztes sollten Sie beachten, daß Sie die Schritte ein „wenig" kleiner tanzen als beim langsamen Walzer, da Sie sonst – durch das hohe Tempo des Tanzes – leicht aus dem Takt geraten können.

Rechtsdrehung (2 x 1/2)

Herr

H	Fuß	Richtung und Bewegung		Rhythmus	Kommando
1	RF	schräg vor (zwischen die Füße der Dame)	eine halbe Drehung	S	eins
2	LF	seit		S	zwei
3	RF	schließen		S	drei
4	LF	schräg rück	eine halbe Drehung	S	vier
5	RF	seit		S	fünf
6	LF	schließen		S	sechs

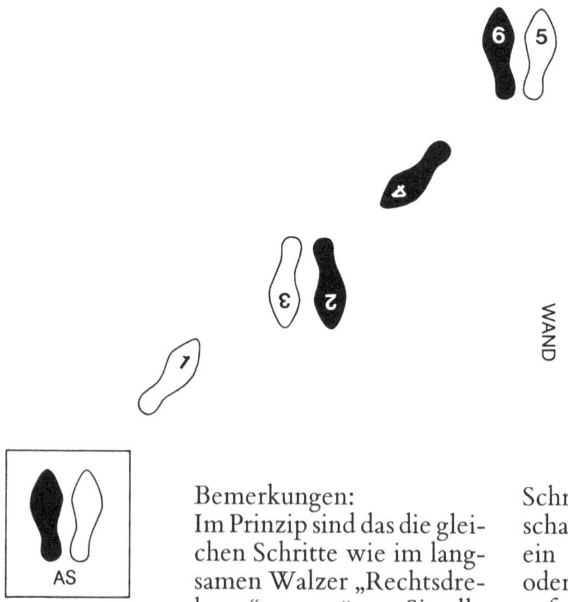

Bemerkungen:
Im Prinzip sind das die gleichen Schritte wie im langsamen Walzer „Rechtsdrehung“, nur müssen Sie alle Schritte kleiner und schneller tanzen. Betonen Sie den ersten und vierten Schritt stark. In der Praxis schaut es meistens so aus: ein großer Schritt bei 1 oder 4 und zwei kleine, fast auf der Stelle bei 2, 3 oder 5, 6. 1-3 ist eine halbe Drehung. 4-6 ist eine halbe Drehung.

Dame

D	Fuß	Richtung und Bewegung		Rhythmus	Kommando
1	LF	schräg rück	eine halbe Drehung	S	eins
2	RF	seit		S	zwei
3	LF	schließen		S	drei
4	RF	schräg vor (zwischen die Füße des Herrn)	eine halbe Drehung	S	vier
5	LF	seit		S	fünf
6	RF	schließen		S	sechs

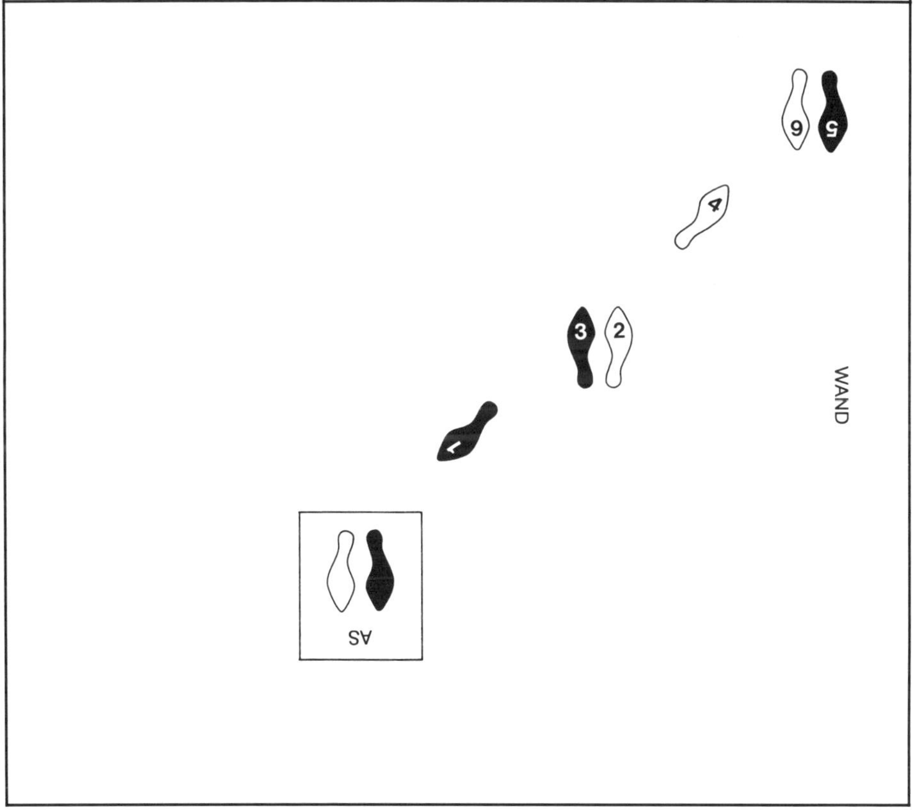

Rechtsdrehung (2 x 1/2)

1 Schritt S

2 seit S

5 seit S

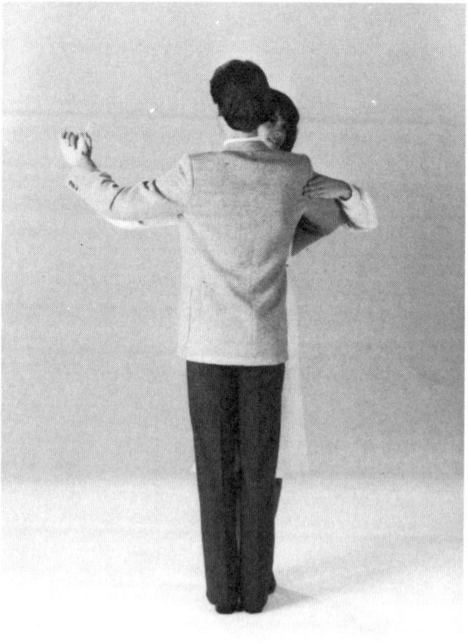

6 schließen S

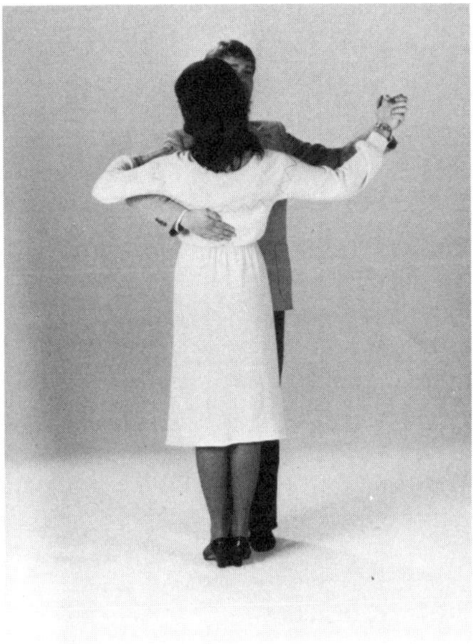

3 schließen S

4 Schritt S

Pendelschritt

Herr

H	Fuß	Richtung und Bewegung	Rhythmus	Kommando
1	RF	seit	S	Pen-
2	LF	schwingt zu RF, o.G.	S	del-
3	RF	Position halten	S	schritt
4	LF	seit	S	Pen-
5	RF	schwingt zu LF, o.G.	S	del-
6	LF	Position halten	S	schritt

Bemerkungen:
Wenn Sie das Pendeln rhythmisch richtig tanzen, ist es ein wichtiger Ausgleichsschritt im Wiener Walzer. Sie sollten jede Drehung, ob links oder rechts, immer in Tanzrichtung beginnen. Beim Pendeln kann man sehr gut drehen. Lieber einmal mehr pendeln, ehe Sie mit anderen Paaren zusammenstoßen, bzw. Ihrer Partnerin schwindlig wird.

Dame

D	Fuß	Richtung und Bewegung	Rhythmus	Kommando
1	LF	seit	S	Pen-
2	RF	schwingt zu LF, o.G.	S	del-
3	LF	Position halten	S	schritt
4	RF	seit	S	Pen-
5	LF	schwingt zu RF, o.G.	S	del-
6	RF	Position halten	S	schritt

Pendelschritt

1 seit

2 Pen-

5 Pen-

6 del

3 del

4 seit

Linksdrehung

Herr

H	Fuß	Richtung und Bewegung	Rhythmus	Kommando
1	LF	schräg vor	S	eins
2	RF	seit	S	zwei
3	LF	schließen (oder kreuzen)	S	drei
4	RF	schräg rück	S	vier
5	LF	seit	S	fünf
6	RF	schließen	S	sechs

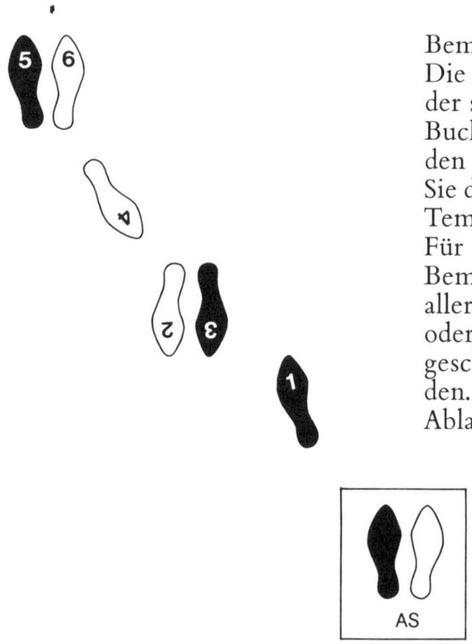

Bemerkungen:
Die Linksdrehung ist sicherlich eine der schwierigsten Figuren in diesem Buch, wenn Sie sauber getanzt werden soll. Bitte erst versuchen, wenn Sie die Rechtsdrehung bei normalem Tempo beherrschen.
Für die Linksdrehung gelten die Bemerkungen der Rechtsdrehung allerdings analog. Herren-Schritt 3 oder Damen-Schritt 6 kann statt geschlossen auch vorgekreuzt werden. Das begünstigt den flüssigen Ablauf.

Dame

D	Fuß	Richtung und Bewegung	Rhythmus	Kommando
1	RF	schräg rück	S	eins
2	LF	seit	S	zwei
3	RF	schließen	S	drei
4	LF	schräg vor	S	vier
5	RF	seit	S	fünf
6	LF	schließen (oder kreuzen)	S	sechs

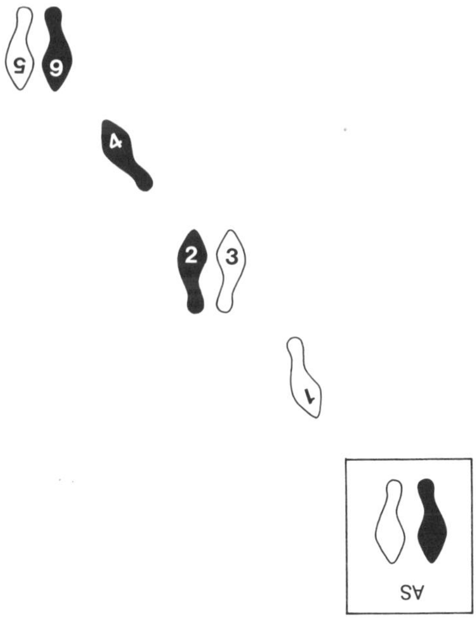

Linksdrehung

1 Schritt S

2 seit S

5 seit S

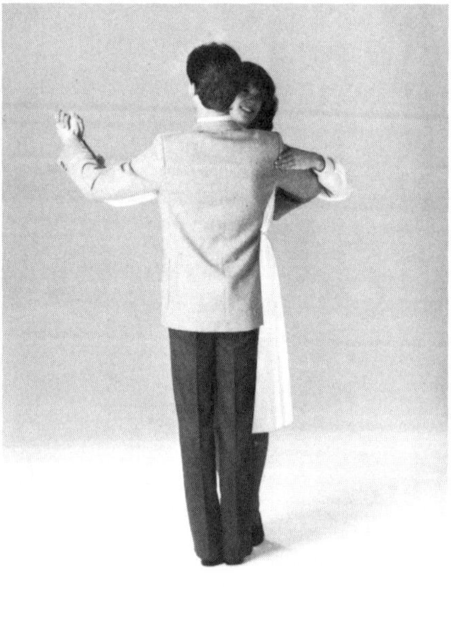

6 schließen S

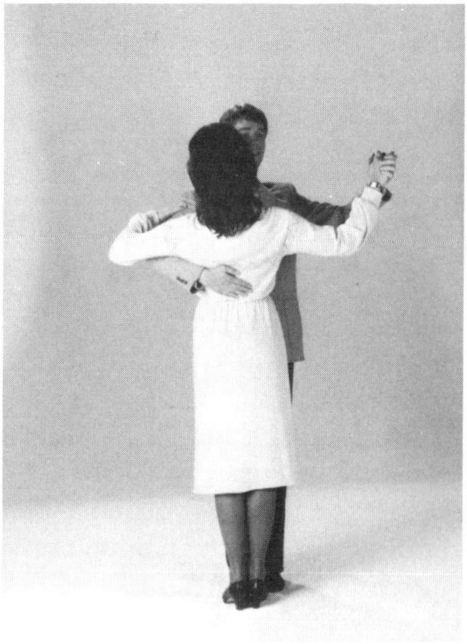

3 schließen S

4 Schritt S

Tango

Geschichte und Einleitung

Der Tango, ehemals ein westindischer Volkstanz, wurde 1911 über Argentinien nach Europa eingeführt. Argentinien ist das eigentliche Geburtsland des Tango, da er sich dort zum Gesellschaftstanz entwickelte. Im weitesten Sinn ist der Tango der Paso doble der Standardtänze, da es auch hier sehr wichtig ist, mit Gesten und Mimik dem Tanz den richtigen Ausdruck zu verleihen. Von Turniertänzern kennen Sie sicherlich die oftmals zackigen Kopf- und Körperbewegungen. Dies sollten Sie aber erst im fortgeschrittenen Stadium probieren, da es nicht sehr einfach ist und Sie nur vom richtigen Setzen der Füße ablenkt. Sie werden jetzt mit Sicherheit fragen, warum der Tango, aus Argentinien stammend, nicht zu den lateinamerikanischen, sondern zu den Standardtänzen gehört.
Dafür gibt es mehrere Kriterien: Sie haben Tuchfühlung, und vorwärtsgesetzte Schritte werden mit der Ferse angesetzt. Der Tango wurde also standardisiert.

Takt: 2/4-Takt

Tempo: 33 bis 35 Takte/Minute

Tanzrichtung: Front zur Wand

Tanzhaltung: Daß der Tango ein sehr eigenwilliger Tanz ist, zeigt sich auch in seiner Tanzhaltung. Sie haben zwar Tuchfühlung wie in allen anderen Standardtänzen, doch steht die Dame nicht mehr genau vor dem Herrn, sondern vom Herrn aus betrachtet etwas mehr rechts in seinem rechten Arm. Die Tuchfühlung ist auch im gesamten etwas enger als in den anderen Tänzen, damit der Herr die Dame etwas besser unter Kontrolle hat und ihr genau sagen kann, „wo es lang geht". Um dies zu erreichen, darf er seinen rechten Arm etwas weiter und tiefer um die Dame legen.

Fußarbeit: Wie schon in der Einleitung erwähnt, sollte man den Tango ein wenig zackig tanzen, also „stakkato". Dies kann man aber nur erreichen, wenn man die Füße nicht, wie z. B. beim langsamen Walzer, über das Parkett gleiten läßt, sondern jeden Schritt bewußt und deutlich ansetzt und bei Vorwärtsschritten unbedingt die Ferse nimmt.

Als Beispiel die Fußarbeit für einen Wiegegrundschritt

1	Ferse	5	Ballen flach
2	Ferse	6	Ballen flach
3	flachen Fuß	7	flachen Fuß
4	flachen Fuß	8	flachen Fuß

Schrittverbindungen: 2x Wiegegrundschritt
2x Link und Promenade

Lernhilfen: Der Wiegegrundschritt ist das A und O des Tango. Versuchen Sie zuerst den Wiegegrundschritt und lernen Sie mit Hilfe dieser Figur den Charakter des Tanzes kennen.
Da es ein sehr rhythmischer Tanz ist, halten Sie sich genau an die Musik. Versuchen Sie erst als letztes die bereits erwähnten zackigen Kopf- und Körperbewegungen. Dies erlernen Sie nur, wenn Sie mit der Zeit anfangen, aus sich herauszugehen und zu schauspielern: Stellen Sie sich z. B. vor, meine Herren, Sie wären Rudolf Valentino bei seinem allabendlichen Nachtklubbesuch. Dann macht es Ihnen und Ihrer Partnerin doppelt so viel Spaß, und es ist auch leichter, wenn man beim Tanzenlernen nicht den Humor vergißt.

Grundschritt (Wiegeschrittdrehung)

Herr

H	Fuß	Richtung und Bewegung	Rhythmus	Kommando
1	LF	vor	L	vor
2	RF	vor	L	vor
3	LF	schräg rück	S	Wie-
4	(RF)	Gewicht verlagern auf RF	S	ge-
5	LF	rück (klein)	L	schritt
6	RF	rück	S	Ab-
7	LF	seit	S	schluß-
8	RF	schließt zu LF	L	schritt

Bemerkung:
Wichtig ist, daß Schritt 2 des Herrn unbedingt weit vor zwischen die Füße der Dame ausgeführt werden muß.

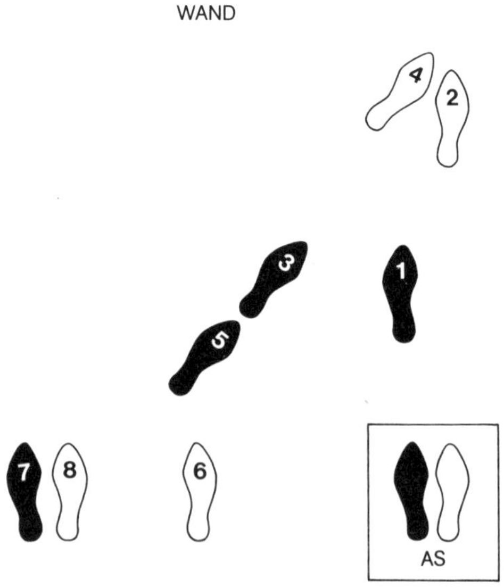

Dame

D	Fuß	Richtung und Bewegung	Rhythmus	Kommando
1	RF	rück	L	rück
2	LF	rück	L	rück
3	RF	schräg vor zwischen die Füße des Herrn	S	Wie-
4	(LF)	Gewicht verlagern auf LF	S	ge-
5	RF	vor	L	schritt
6	LF	vor	S	Ab-
7	RF	seit	S	schluß-
8	LF	schließt zu RF	L	schritt

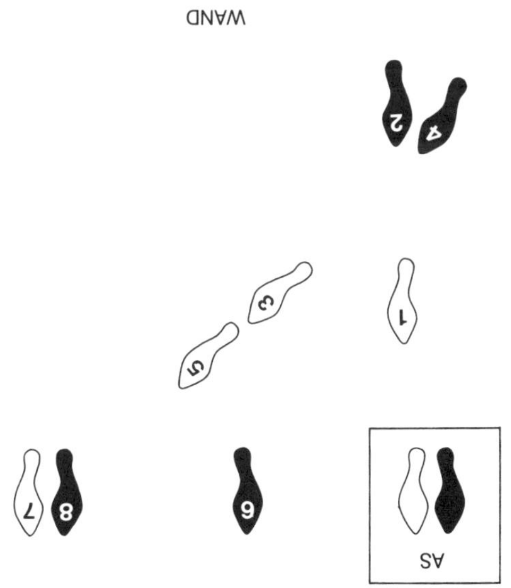

Grundschritt (Wiegeschrittdrehung)

1 Schritt L

2 Schritt L

5 schritt L

6 Ab- L

3 Wie- S

4 ge- S

7 schluß- S

8 schritt S

Link (Übergang zur Promenade) und Promenade

Herr

H	Fuß	Richtung und Bewegung	Rhythmus	Kommando
1	LF	vor	L	vor
2	RF	vor	L	vor
3	LF	vor	S	vor
4	RF	schließt fast zum LF	S	öffnen
5	LF	seit in P.P.	L	seit
6	RF	vor überkreuzt LF	S	über
7	LF	seit	S	seit
8	RF	schließt zu LF	L	schließen

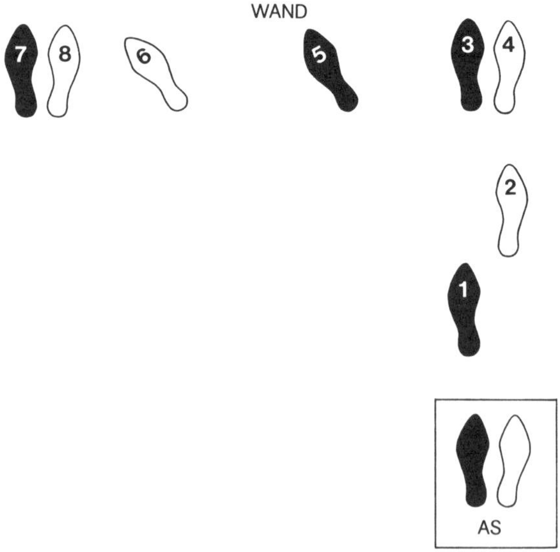

Bemerkungen:
Nach Schritt 4 öffnet man zur Promenaden-Position, d. h. die Dame schaut in dieselbe Richtung bei Schritt 5 + 6; bei 7 geht man wieder zurück in Tanzhaltung.

Dame

D	Fuß	Richtung und Bewegung	Rhythmus	Kommando
1	RF	rück	L	rück
2	LF	rück	L	rück
3	RF	rück	S	rück
4	LF	schließt fast zu RF	S	öffnen
5	RF	seit in P.P.	L	seit
6	LF	vor überkreuzt	S	über
7	RF	seit	S	seit
8	LF	schließt zu RF	L	schließen

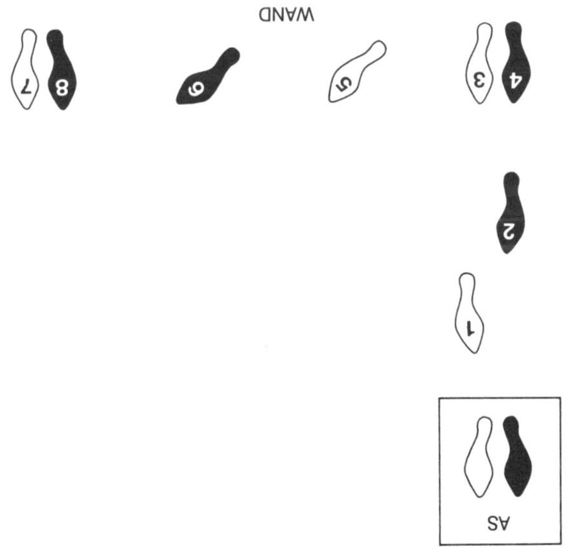

Link (Übergang zur Promenade) und Promenade

1 Schritt

2 Schritt

5 seit

6 über

3 Schritt

4 öffnen

7 seit

8 schließen

Cha-Cha-Cha

Geschichte und Einleitung

Die Geburtsstunde des Cha-Cha-Cha schlug 1954 in Kuba. Bald darauf war er in ganz Amerika Modetanz Nummer eins. Er entwickelte sich aus dem Mambo, einem sehr schnellen Tanz. 1956 wurde er von Herrn Udo Bier, einem deutschen ADTV-Tanzlehrer, nach Deutschland „importiert" und entwickelte sich sehr schnell zu einem beliebten Gesellschaftstanz.
In seiner Entwicklung ist er vergleichbar mit dem erst vor kurzem entstandenen Disco-Fox, der als Modeerscheinung mit der Discowelle kam und schon sehr bald in fast allen Tanzschulen in das Unterrichtsprogramm aufgenommen wurde. Der Cha-Cha-Cha erhielt seinen Namen durch das rhythmische Mitsingen der Musiker.

Takt: 4/4-Takt. Aufgeteilt am Beispiel eins Wiegegrundschrittes ergibt sich folgendes Bild:

Schritt	1	2	3	4	5	= 5 Schritte	
	↓	↓	↓	↓	↓	↓	
	$\frac{1}{4}$	$\frac{1}{4}$	$\frac{1}{4}$	$\frac{1}{8}$	$\frac{1}{8}$	$\frac{4}{4}$	10 Schritte = 1 Grundschritt
	6	7	8	9	10	= 5 Schritte	↓
	↓	↓	↓	↓	↓	↓	2 Takte
	$\frac{1}{4}$	$\frac{1}{4}$	$\frac{1}{4}$	$\frac{1}{8}$	$\frac{1}{8}$	$\frac{4}{4}$	

Tempo: 32 bis 34 Takte/Minute

Tanzrichtung: Da dieser Tanz am Platz getanzt wird, liegt es an Ihnen, in welcher Richtung Sie beginnen. Als Anfänger sollten Sie jedoch darauf achten, immer in die gleiche Richtung zu schauen, da es dann leichter ist, sich zu orientieren und die einzelnen Figuren zu erlernen.

Tanzhaltung: Lateinamerikanische Tanzhaltung

Fußarbeit: Sie haben grundsätzlich keinen Schritt mit der Ferse zu tanzen, sondern alle Schritte mit dem Ballen flach anzusetzen, d. h., erst den Ballen, dann den Fuß durch das Strecken der Knie auf die Ferse absenken.

Schrittverbindungen:

Für den Anfänger:	2x Platzgrundschritt
	2x Promenade
	2x Platzgrundschritt
	2x Hinterkreuzen (Hand to Hand)
Für den Fortgeschrittenen:	1x Wiegegrundschritt
	2x Alemana
	1½x Promenade
	1x Spotturn: Herr dreht linksherum, Dame dreht rechtsherum
	2x Hand to Hand

Lernhilfen: Auch hier gilt, wie bei allen anderen Tänzen, erst das Gefühl für den Rhythmus zu erreichen. Lernen Sie als erstes den Platzgrundschritt und tanzen Sie diesen wieder und wieder zur Musik. Erst wenn Sie das richtige Gefühl für die Musik haben und das „Cha-Cha-Cha“ im richtigen Moment tanzen, zur nächsten Figur weitergehen.
Halten Sie sich als erstes an die Schritt- bzw. Figurverbindung für den Anfänger, denn es erfordert eine gewisse Routine, die anderen Figuren zur Musik zu tanzen. Lassen Sie sich also Zeit und verlieren Sie nicht den Mut, wenn es beim ersten oder zweiten Mal zur Musik noch nicht so ganz klappen sollte.
Um den richtigen Einsatz zur Musik zu finden („Tanzen im Takt“) sollten Sie auf die Rhythmusinstrumente achten. Beim Cha-Cha-Cha sind dies die Glocke und das Tambourin.

Grundschritt am Platz

Herr

H	Fuß	Richtung und Bewegung	Rhythmus	Kommando
1	RF	klein seit	L	seit (Cha)
2	LF	schließt zu RF	L	Platz
3	RF	am Platz aufsetzen	L	Platz
4	LF	klein seit	K	Cha
5	RF	schließt fast zu LF	K	Cha
6	LF	klein seit	L	seit (Cha)
7	RF	schließt zu LF	L	Platz
8	LF	am Platz aufsetzen	L	Platz
9	RF	klein seit	K	Cha
10	LF	schließt fast zu RF	K	Cha

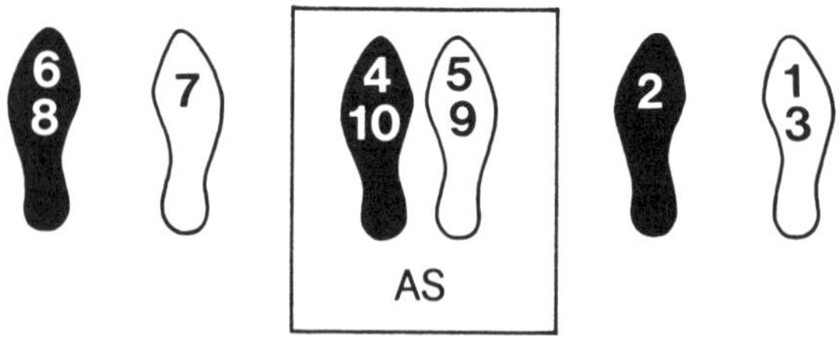

Bemerkungen:
Diese Figur schaut im ersten Moment kompliziert aus, ist aber recht einfach. Sie vertanzen einfach nur den Rhythmus mit kleinen Schritten auf dem Platz. Ideal auch für volle Tanzflächen und normale Vierviertel-Rhythmen.

Dame

D	Fuß	Richtung und Bewegung	Rhythmus	Kommando
1	LF	klein seit	L	seit (Cha)
2	RF	schließt zu LF	L	Platz
3	LF	am Platz aufsetzen	L	Platz
4	RF	klein seit	K	Cha
5	LF	schließt fast zu RF	K	Cha
6	RF	klein seit	L	seit (Cha)
7	LF	schließt zu RF	L	Platz
8	RF	am Platz aufsetzen	L	Platz
9	LF	klein seit	K	Cha
10	RF	schließt fast zu LF	K	Cha

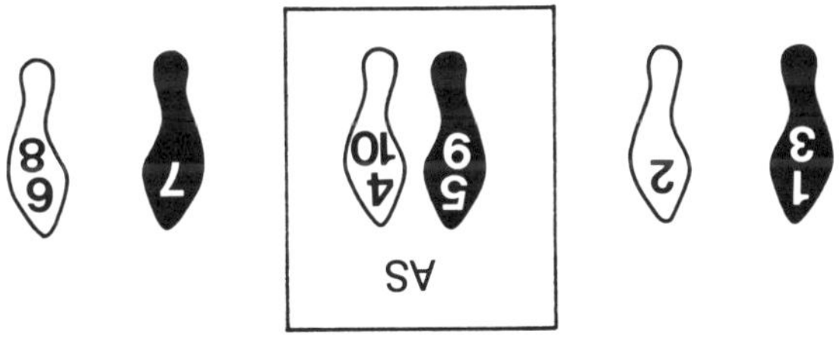

Grundschritt am Platz

1 seit (3. Cha) L

2 Platz L

6 seit (3. Cha) L

7 Platz L

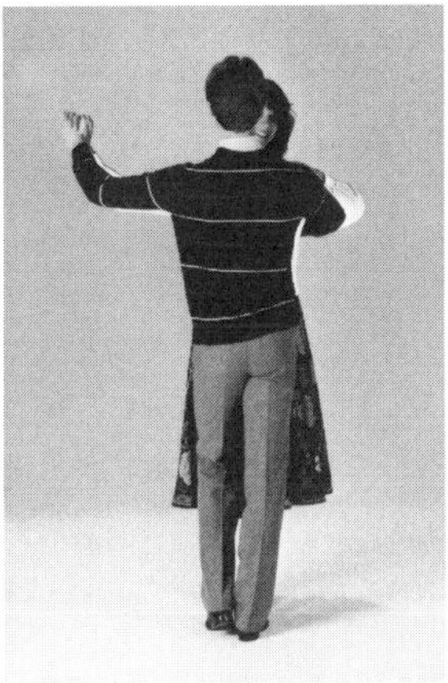
3 Platz L

4 Cha K

5 Cha K

8 Platz L

9 Cha K

10 Cha K

Wiegegrundschritt

Herr

H	Fuß	Richtung und Bewegung	Rhyth-mus	Kommando
1	RF	klein seit	L	seit (Cha)
2	LF	vor	L	Wie-
3	RF	rück belasten	L	ge
4	LF	klein seit	K	Cha
5	RF	schließt fast zu LF	K	Cha
6	LF	klein seit	L	seit (Cha)
7	RF	rück	L	Wie-
8	LF	vor belasten	L	ge
9	RF	klein seit	K	Cha
10	LF	schließt fast zu RF	K	Cha

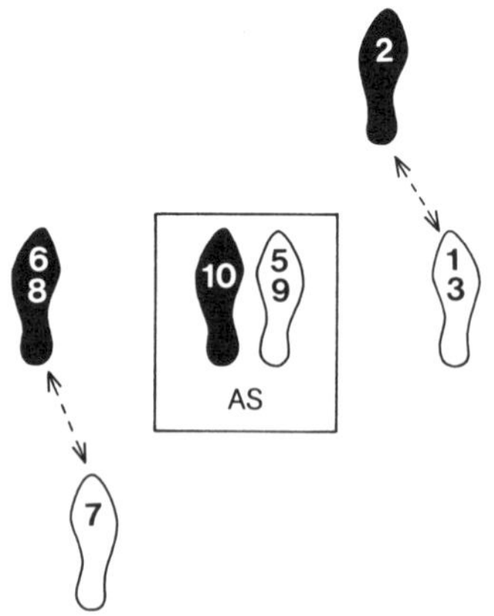

Bemerkung:
Dies ist der wichtigste Cha-Cha-Schritt; aus ihm entwickeln sich alle anderen Schritte und um ihn ranken sich alle Figuren.

Dame

D	Fuß	Richtung und Bewegung	Rhythmus	Kommando
1	LF	klein seit	L	seit (Cha)
2	RF	rück	L	Wie-
3	LF	vor belasten	L	ge
4	RF	klein seit	K	Cha
5	LF	schließt fast zu RF	K	Cha
6	RF	klein seit	L	seit (Cha)
7	LF	vor	L	Wie-
8	RF	rück belasten	L	ge
9	LF	klein seit	K	Cha
10	RF	schließt fast zu LF	K	Cha

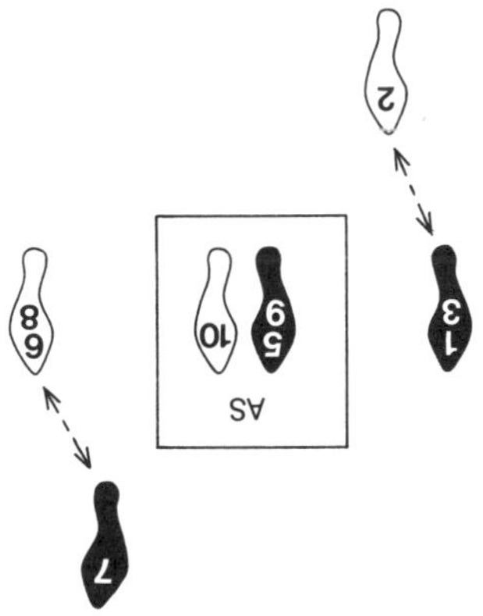

Wiegegrundschritt

1 seit (Cha)

2 Wie-

6 seit (Cha)

7 Wie-

3 ge

4 Cha

5 Cha

8 ge

9 Cha

10 Cha

Alemana

Herr

H	Fuß	Richtung und Bewegung	Rhythmus	Kommando
1	RF	klein seit	L	seit (Cha)
2	LF	vor	L	Wie-
3	RF	rück belasten	L	ge
4	LF	klein seit	K	Cha
5	RF	schließt fast zu LF	K	Cha
6	LF	klein seit	L	seit (Cha)
7	RF	rück	L	Wie-
8	LF	vor belasten	L	ge
9	RF	klein seit	K	Cha
10	LF	schließt fast zu RF	K	Cha

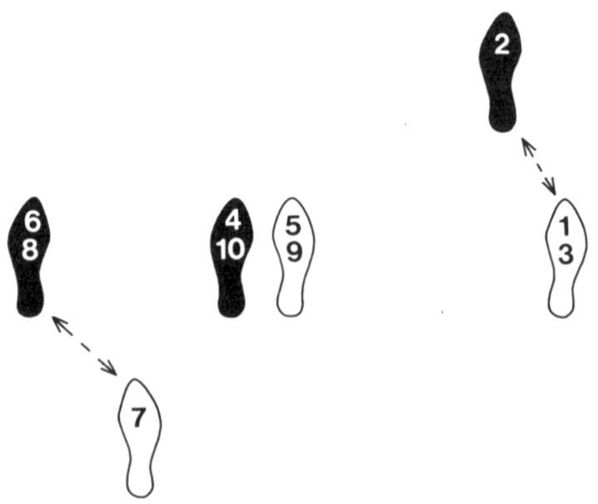

Bemerkungen:
Der Herr tanzt seinen Grundschritt weiter, gibt bei 5 der Dame mit der rechten Hand einen Impuls zur Drehung und hebt bei 6 den linken Arm, damit sie bequem darunter dreht.
Die Dame läuft die Drehung, bei 7 dreht sie auf dem Ballen rechts, während der linke Fuß einen Schritt tanzt.

Dame

D	Fuß	Richtung und Bewegung	Rhythmus	Kommando
1	LF	klein seit	L	seit (Cha)
2	RF	rück	L	Wie-
3	LF	vor belasten	L	ge
4	RF	klein seit	K	Cha
5	LF	schließt fast zu RF	K	Cha
6	RF	vor nach rechts drehen	L	vor
7	LF	vor weiter nach rechts drehen	L	drehen
8	RF	belasten und soweit n. rechts drehen, bis Front zum Herrn	L	drehen
9	LF	klein seit	K	Cha
10	RF	schließt fast zu LF	K	Cha

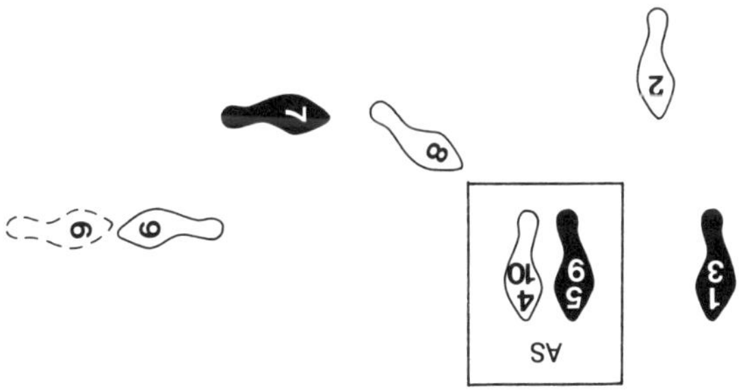

Alemana

1 seit

2 Wie-

6 vor

7 dreh'n

3 ge

4 Cha

5 Cha

8 dreh'n

9 Cha

10 Cha

Hinterkreuzen (Hand to Hand)

Herr

H	Fuß	Richtung und Bewegung	Rhythmus	Kommando
1	RF	klein seit linke Hand lösen	L	seit
2	LF	kreuzt hinter RF eine Achteldrehung n. links	L	hin-
3	RF	belasten	L	ter
4	LF	klein seit eine Achteldr. n. re. zur TH	K	Cha
5	RF	schließt fast zu LF	K	Cha
6	LF	klein seit rechte Hand lösen	L	seit
7	RF	kreuzt hinter LF eine Achteldrehung n. rechts	L	hin-
8	LF	belasten	L	ter
9	RF	klein seit eine Achteldr. n. li. zur TH	K	Cha
10	LF	schließt fast zu RF	K	Cha

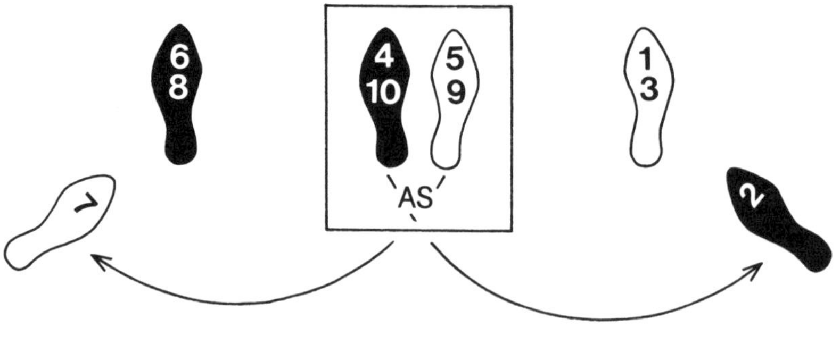

Bemerkungen:
Beim Hinterkreuzen stehen Sie fast nebeneinander und schauen in dieselbe Richtung.

Achten Sie darauf, daß Sie den hinteren, den kreuzenden Fuß bei 2 + 7 belasten.

Dame

D	Fuß	Richtung und Bewegung	Rhyth-mus	Kommando
1	LF	klein seit rechte Hand lösen	L	seit
2	RF	kreuzt hinter LF eine Achteldrehung n. rechts	L	hin-
3	LF	belasten	L	ter
4	RF	klein seit eine Achteldr. n. li. zur TH	K	Cha
5	LF	schließt fast zu LF	K	Cha
6	RF	klein seit linke Hand lösen	L	seit
7	LF	kreuzt hinter LF eine Achteldrehung n. links	L	hin-
8	RF	belasten	L	ter
9	LF	klein seit eine Achteldr. n. re. zur TH	K	Cha
10	RF	schließt fast zu RF	K	Cha

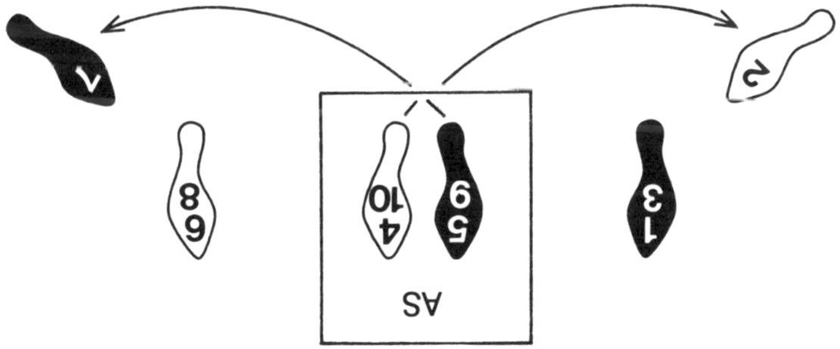

Hinterkreuzen (Hand to Hand)

1 seit

2 hin-

6 seit

7 hin-

3 ter

4 Cha

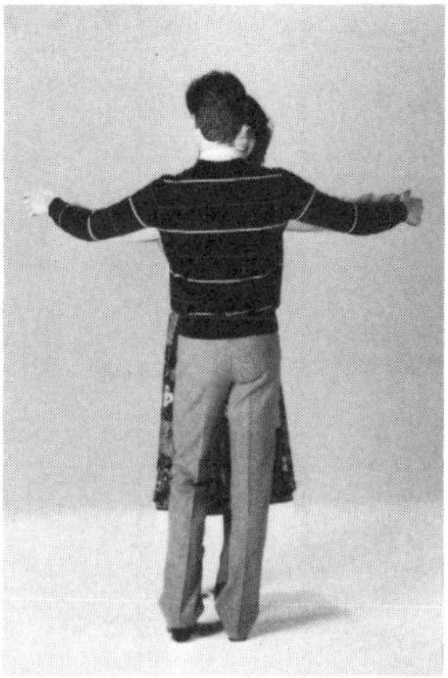

5 Cha

8 ter

9 Cha

10 Cha

Promenade (Übersetzen)

Herr

H	Fuß	Richtung und Bewegung	Rhythmus	Kommando
1	RF	klein seit rechte Hand lösen	L	seit
2	LF	vor und überkreuzen eine Vierteldrehung n. rechts	L	ü-
3	RF	belasten und zurückdrehen	L	ber
4	LF	klein seit u. mit rechter Hand linke Hand der Dame fassen	K	Cha
5	RF	schließt fast zu LF	K	Cha
6	LF	klein seit linke Hand lösen	L	seit
7	RF	vor und überkreuzen und eine Vierteldrehung n. links	L	ü-
8	LF	belasten und zurückdrehen	L	ber
9	RF	klein seit und zur TH drehen	K	Cha
10	LF	schließt fast zu RF	K	Cha

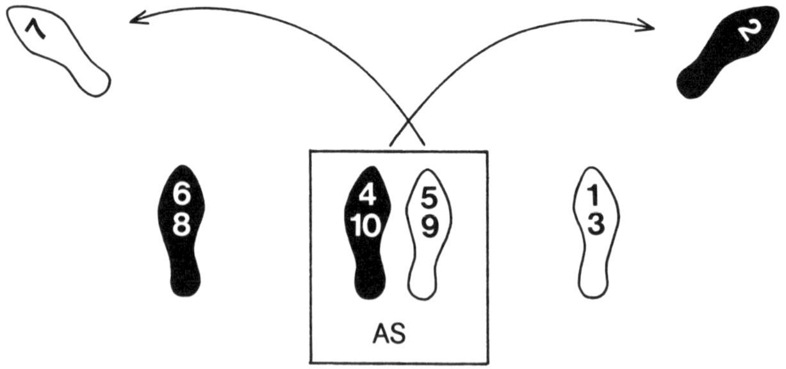

Bemerkungen:
Beim Übersetzen stehen Sie fast nebeneinander und schauen in dieselbe Richtung. Belasten Sie den vorderen Fuß bei 2 + 7!

Dame

D	Fuß	Richtung und Bewegung	Rhythmus	Kommando
1	LF	klein seit linke Hand lösen	L	seit
2	RF	vor und überkreuzen und eine Vierteldrehung n. links	L	ü-
3	LF	belasten und zurückdrehen	L	ber
4	RF	klein seit u. mit linker Hand rechte Hand des Herrn fassen	K	Cha
5	LF	schließt fast zu RF	K	Cha
6	RF	klein seit rechte Hand lösen	L	seit
7	LF	vor und überkreuzen und eine Vierteldrehung n. rechts	L	ü-
8	RF	belasten und zurückdrehen	L	ber
9	LF	klein seit und zur TH drehen	K	Cha
10	RF	schließt fast zu LF	K	Cha

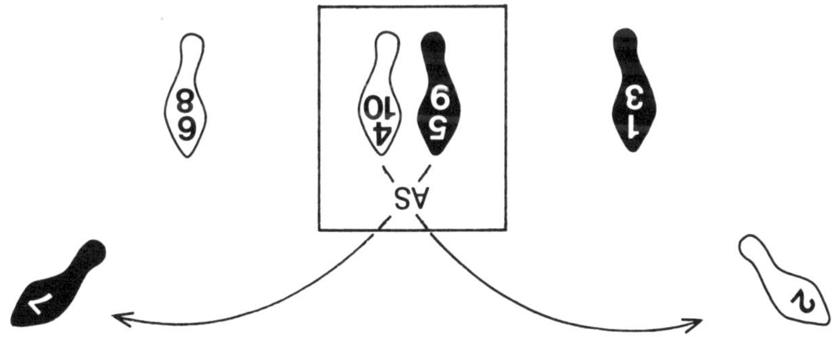

Promenade (Übersetzen)

1 seit

2 ü-

6 seit

7 ü-

 3 ber	 4 Cha	 5 Cha
 8 ber	 9 Cha	 10 Cha

Spotturn

Herr

<table>
<tr><th>H</th><th>Fuß</th><th colspan="2">Richtung und Bewegung</th><th>Rhythmus</th><th>Kommando</th></tr>
<tr><td>1</td><td>RF</td><td colspan="2">klein seit
rechte Hand lösen</td><td>L</td><td>seit</td></tr>
<tr><td>2</td><td>LF</td><td>vor</td><td rowspan="2">eine Dreivierteldrehung nach rechts</td><td>L</td><td>dreh'n</td></tr>
<tr><td>3</td><td>RF</td><td>vor – belasten</td><td>L</td><td>dreh'n</td></tr>
<tr><td>4</td><td>LF</td><td>klein seit</td><td rowspan="2">eine Vierteldrehung nach rechts</td><td>K</td><td>Cha</td></tr>
<tr><td>5</td><td>RF</td><td>schließt fast zu LF</td><td>K</td><td>Cha</td></tr>
<tr><td>6</td><td>LF</td><td colspan="2">klein seit</td><td>L</td><td>seit</td></tr>
<tr><td>7</td><td>RF</td><td>vor</td><td rowspan="2">eine Dreivierteldrehung nach links</td><td>L</td><td>dreh'n</td></tr>
<tr><td>8</td><td>LF</td><td>vor – belasten</td><td>L</td><td>dreh'n</td></tr>
<tr><td>9</td><td>RF</td><td>klein seit</td><td rowspan="2">eine Vierteldrehung nach links</td><td>K</td><td>Cha</td></tr>
<tr><td>10</td><td>LF</td><td>schließt fast zu RF</td><td>K</td><td>Cha</td></tr>
</table>

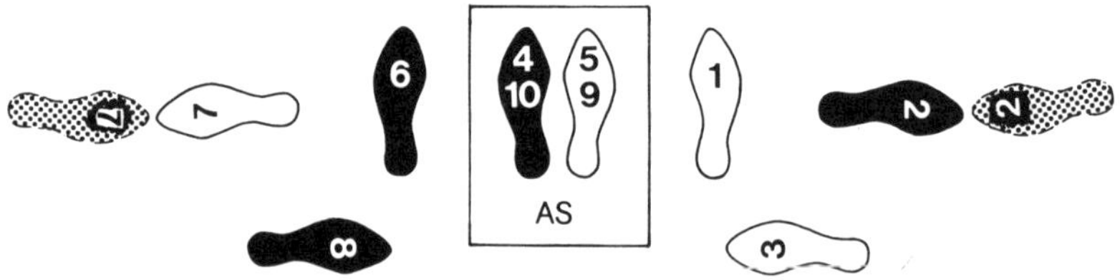

Bemerkungen:
Im Ansatz handelt es sich um das „Übersetzen", nur statt wieder zurückzubelasten, drehen Sie bei 2 oder 7 auf dem vorderen Fuß weiter; natürlich löst sich die Tanzhaltung auf.

Dame

D	Fuß	Richtung und Bewegung		Rhythmus	Kommando
1	LF	klein seit linke Hand lösen		L	seit
2	RF	vor	eine Dreivierteldrehung nach rechts	L	dreh'n
3	LF	vor – belasten		L	dreh'n
4	RF	klein seit	eine Vierteldrehung nach links	K	Cha
5	LF	schließt fast zu RF		K	Cha
6	RF	klein seit		L	seit
7	LF	vor	eine Dreivierteldrehung nach rechts	L	dreh'n
8	RF	vor – belasten		L	dreh'n
9	LF	klein seit	eine Vierteldrehung nach rechts	K	Cha
10	RF	schließt fast zu LF		K	Cha

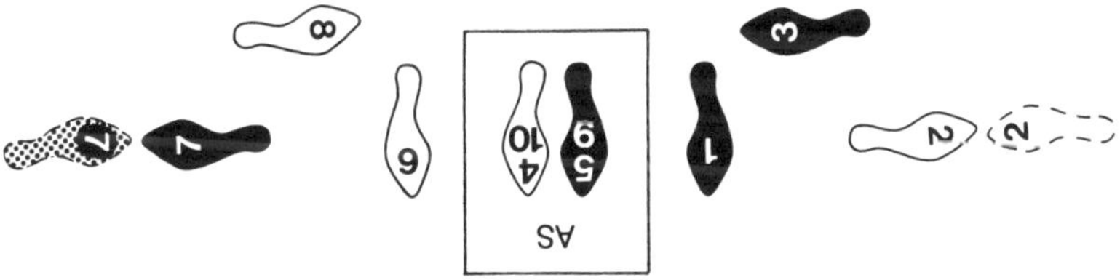

Spotturn

1 seit

2 dreh'n

6 seit

7 dreh'n

3 dreh'n

4 Cha

5 Cha

8 dreh'n

9 Cha

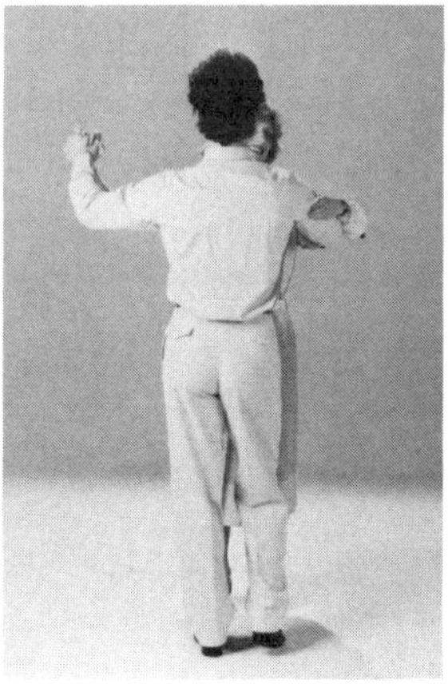

10 Cha

Rumba

Geschichte und Einleitung

Die Rumba war in ihrer Ursprungsform ein sehr schneller Tanz, aus dem sich mit der Zeit der Cha-Cha-Cha entwickelte. Heute jedoch versteht sich die Rumba als langsamster bzw. als gemütlichster lateinamerikanischer Tanz. Man kann heute zwei grundverschiedene Arten Rumba tanzen. Einmal die Square-Rumba, die sich besonders für Anfänger eignet, oder die Rumba-Bolero, auch unter dem Namen Mambo-Bolero bekannt, die von Fortgeschrittenen und Turniertänzern bevorzugt wird. Auf den folgenden Seiten werden beide Arten behandelt und somit müssen Sie auch zwei verschiedene Grundschritte lernen.
Die Rumba ist einer der ältesten lateinamerikanischen Gesellschaftstänze, da sie bereits um 1930 nach Europa eingeführt wurde. Durch die langsame Musik ist Rumba ein Tanz, den man besonders schön und auch ausdrucksvoll tanzen kann – und soll.

Takt: 4/4-Takt. Dadurch, daß Sie Ihre Bewegungen in langsame und schnelle Schritte aufteilen müssen, ist es oftmals nicht einfach, im Takt zu tanzen. Hierbei ist es wichtig für Sie, genau auf die Rhythmusinstrumente zu hören und an einem charakteristischen Punkt (z. B. ein etwas lauterer Schlag eines Instrumentes) anfangen mitzuklatschen und laut mitzuzählen: 1, 2, 3, 4). Wenn Sie nun irgendwann auf 1 den ersten Schritt setzen, starten Sie im Takt und müssen dies nur bis zum Ende der Musik noch durchhalten.
Anhand eines Beispieles können Sie erkennen, wie sich der 4/4-Takt auf den Grundschritt des Rechtscarrés aufteilt.

Schritt	1	2	3	= 3 Schritte	6 Schritte
	↓	↓	↓	↓	1 Grundschritt
	$\frac{1}{2}$	$\frac{1}{4}$	$\frac{1}{4}$	$\frac{4}{4}$	
	4	5	6	= 3 Schritte	
	↓	↓	↓	↓	↓
	$\frac{1}{2}$	$\frac{1}{4}$	$\frac{1}{4}$	$\frac{4}{4}$	2 Takte

Wenn Sie den Rhythmus jetzt mitzählen, müßten Sie für diese Schritte folgendes sagen:
lang, schnell, schnell
lang, schnell, schnell

Tempo: 28 bis 30 Takte/Minute. In der Regel wird Square-Rumba schneller gespielt als oben angegeben.

Tanzrichtung: Wie auch beim Cha-Cha-Cha ist keine bestimmte Richtung vorgeschrieben, doch sollten Sie immer in der einmal gewählten Richtung wieder beginnen.

Tanzhaltung: Lateinamerikanische Tanzhaltung. Achten Sie darauf, daß Sie locker und gelöst (nicht verkrampft) in die Tanzhaltung gehen und das beim Tanzen fortsetzen.
Die Führung des Herrn sollte unauffällig, aber bestimmt sein, so daß die Dame genau weiß, was der Herr tanzen will. Bei Figuren, wie z. B. das Damensolo oder die Alemana soll der Herr nur andeuten, daß er die Figur tanzen will jedoch nicht die Dame zu fest führen bzw. herumdrehen, da die Dame ihre Figuren allein tanzen muß und soll. Ein zu starkes Führen widerspricht dem Charakter des Tanzes und macht ein ruhiges und gemütliches Tanzen unmöglich.

Fußarbeit: Wie bei fast allen lateinamerikanischen Tänzen werden die Schritte in der Rumba mit dem Ballen angesetzt. Wichtig: Niemals die Ferse setzen. Um ein richtiges Schwingen der Hüfte zu gewährleisten, müssen Sie lediglich, nachdem Sie den Schritt mit dem Ballen angesetzt haben, die Ferse absenken. Dies erreichen Sie durch ein abwechselndes Strecken und Beugen der Knie.

Schrittverbindungen: 1x Rechtscarré
1x Damensolo
mit der Zeit das Rechtscarré drehend tanzen, später als Fortgeschrittene
1x Wiegegrundschritt
2x Alemana
1 1/2x Promenade
1x Spotturn: Herr dreht linksherum, Dame dreht rechtsherum

Lernhilfen: In der Rumba sollten Sie nicht gleich anfangen, die Figuren zu lernen, sondern erst einmal sich in die Musik hineinhören. Als nächstes versuchen Sie (ohne Musik) das Strecken und Beugen der Knie zu erlernen. Fangen Sie einfach an, auf der Stelle zu laufen und überdeutlich Ihre Knie zu bewegen, indem Sie die Füße auf dem Boden lassen und nur abwechselnd rechts-links die Ferse heben und senken. Als nächstes versuchen Sie dies im richtigen Rhythmus; langsam-schnell-schnell-langsam usw.
Nun versuchen Sie dies zur Musik und Sie werden merken, daß dies gar nicht so schwer ist. Jetzt erst die Figuren lernen und die Beispiele für die Schrittverbindungen einhalten.

Rechtscarré

Herr

H	Fuß	Richtung und Bewegung	Rhythmus	Kommando
1	RF	vor	L	vor
2	LF	seit	S	seit
3	RF	schließen	S	ran
4	LF	rück	L	rück
5	RF	seit	S	seit
6	LF	schließen	S	ran

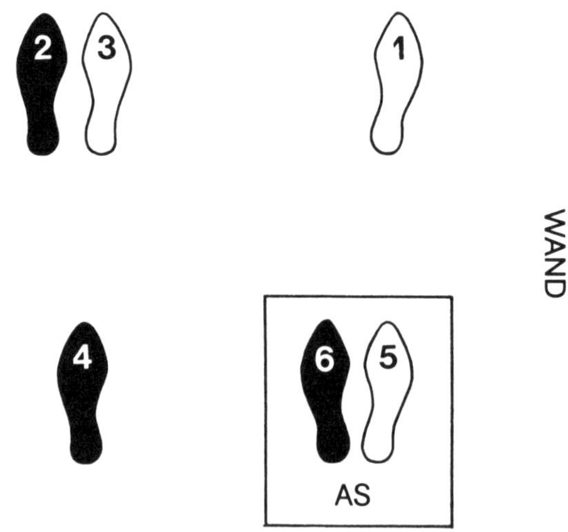

Dame

D	Fuß	Richtung und Bewegung	Rhythmus	Kommando
1	LF	rück	L	rück
2	RF	seit	S	seit
3	LF	schließen	S	ran
4	RF	vor	L	vor
5	LF	seit	S	seit
6	RF	schließen	S	ran

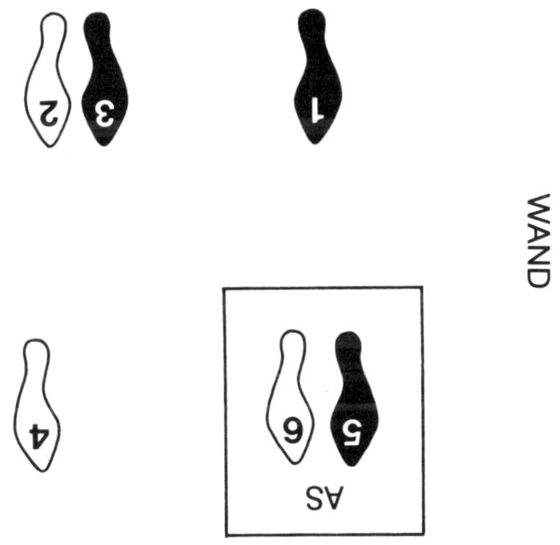

Rechtscarré

1 Schritt L

2 seit S

5 seit S

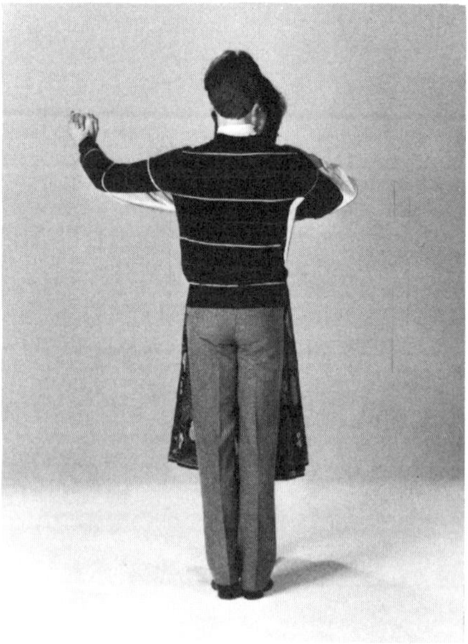

6 schließen S

3 schließen S

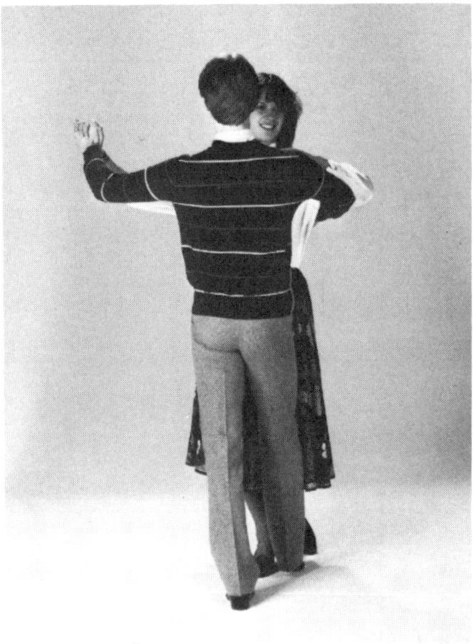

4 Schritt L

Herr

H	Fuß	Richtung und Bewegung	Rhythmus	Kommando
0		Schritte 1-3 des Rechtscarrés		
1	LF	rück	L	Schritt
2	RF	seit	S	seit
3	LF	schließen	S	ran
4	RF	vor	L	Schritt
5	LF	seit	S	seit
6	RF	schließen	S	ran
		Schritte 4-6 des Rechtscarrés		

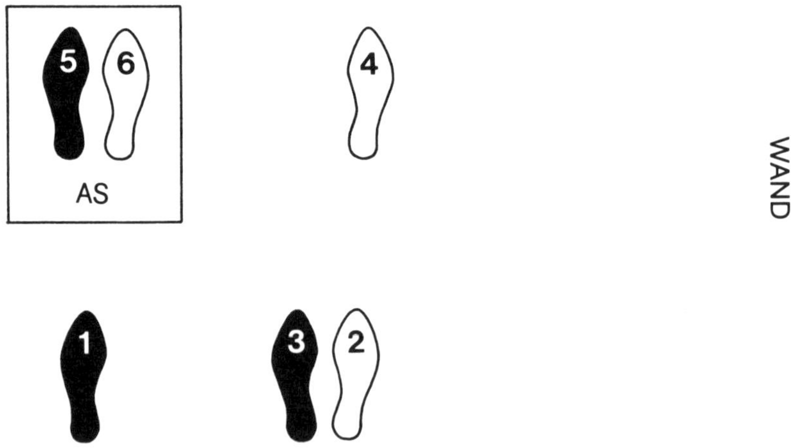

Bemerkung:
Die Dame dreht unter den gefaßten Händen hindurch, während der Herr seine rechte Hand an seine Hüfte legt.

Dame

D	Fuß	Richtung und Bewegung	Rhythmus	Kommando
0		Schritte 1-3 des Rechtscarrés		
1	RF	vor, kl. Schritt n. re. drehen	L	Schritt 1
2	LF	vor, kl. Schritt n. re. drehen	S	Schritt 2
3	RF	vor, kl. Schritt n. re. drehen	S	Schritt 3
4	LF	vor, kl. Schritt n. re. drehen	L	Schritt 4
5	RF	vor, kl. Schritt n. re. drehen	S	Schritt 5
6	LF	schließen und eine ganze Drehung beenden	S	Schritt 6
		Schritte 4-6 des Rechtscarrés		

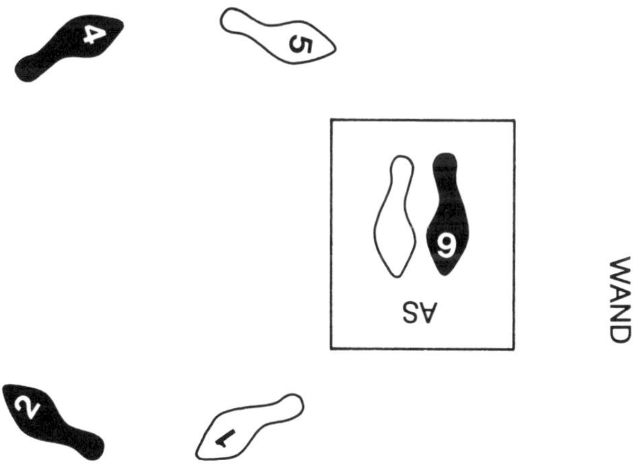

Damensolo

1 Schritt L

2 Schritt S

5 Schritt S

6 Schritt S

3 Schritt S

4 Schritt L

Rechtscarré mit Drehung

Herr

H	Fuß	Richtung und Bewegung		Rhythmus	Kommando
1	RF	vor	nach rechts drehen	L	vor
2	LF	seit	nach rechts drehen	S	seit
3	RF	schließen	nach rechts drehen	S	ran
4	LF	rück	nach rechts drehen	L	rück
5	RF	seit	nach rechts drehen	S	seit
6	LF	schließen	nach rechts drehen	S	ran
		Schritte 1-6	eine halbe Drehung		
		Schritte 1-6 wiederholen			

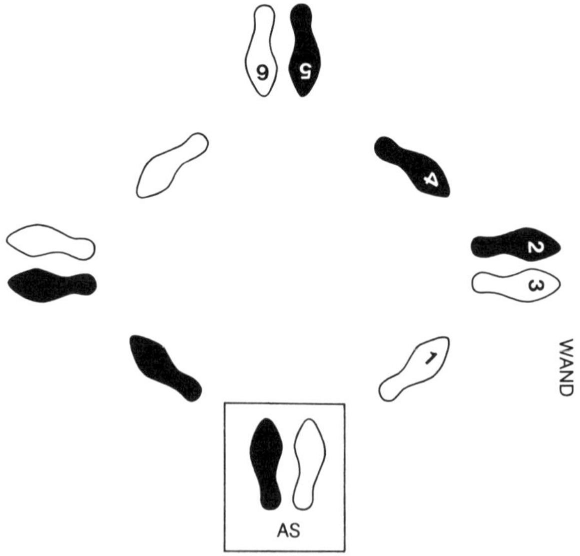

Dame

D	Fuß	Richtung und Bewegung		Rhythmus	Kommando
1	LF	rück	nach rechts drehen	L	rück
2	RF	seit	nach rechts drehen	S	seit
3	LF	schließen	nach rechts drehen	S	ran
4	RF	vor	nach rechts drehen	L	vor
5	LF	seit	nach rechts drehen	S	seit
6	RF	schließen	nach rechts drehen	S	ran
		Schritte 1-6	eine halbe Drehung		
		Schritte 1-6 wiederholen			

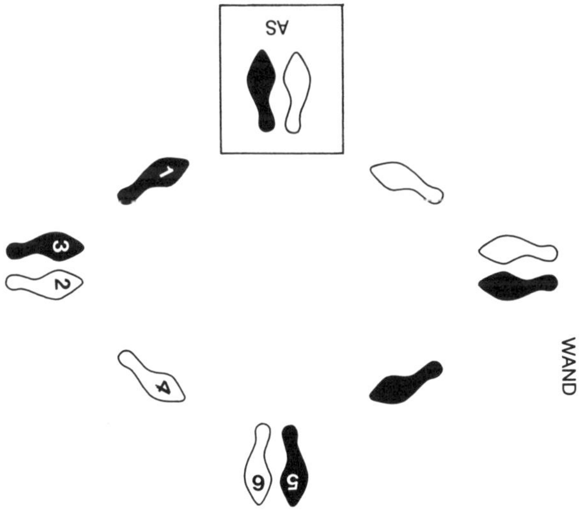

Rechtscarré mit Drehung

1 Schritt L

2 seit S

5 seit S

6 schließen S

3 schließen S

4 Schritt L

Wiegegrundschritt

Herr

H	Fuß	Richtung und Bewegung	Rhythmus	Kommando
1	RF	seit	L	seit
2	LF	vor	S	Wie-
3	RF	am Platz belasten	S	ge
4	LF	seit	L	seit
5	RF	rück	S	Wie-
6	LF	am Platz belasten	S	ge

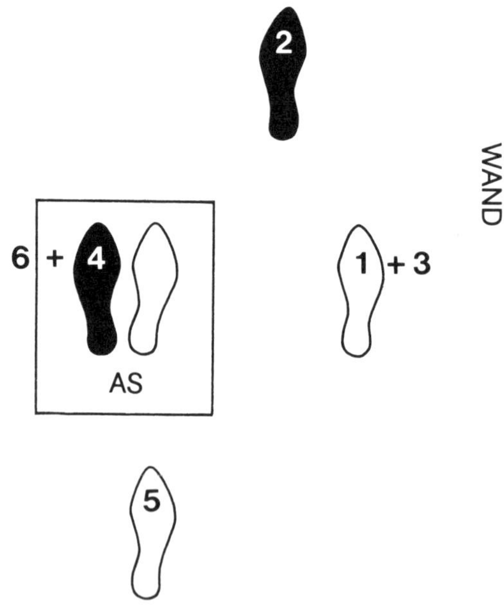

Dame

D	Fuß	Richtung und Bewegung	Rhythmus	Kommando
1	LF	seit	L	seit
2	RF	rück	S	Wie-
3	LF	am Platz belasten	S	ge
4	RF	seit	L	seit
5	LF	vor	S	Wie-
6	RF	am Platz belasten	S	ge

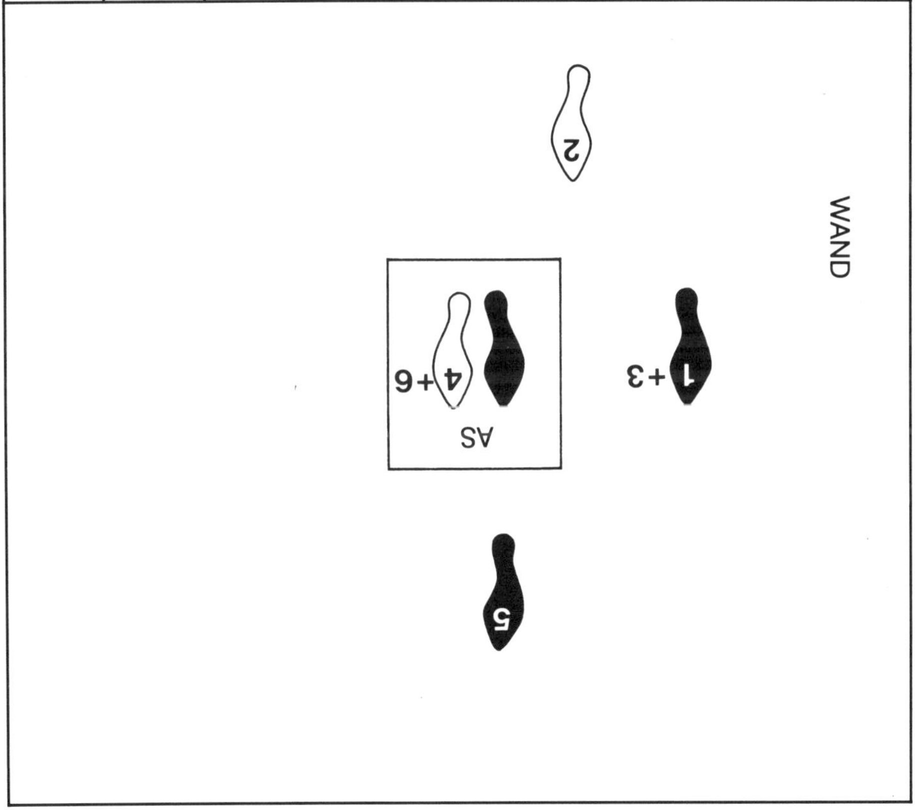

Wiegegrundschritt

1 seit L

2 Wie- S

5 Wie- S

6 ge S

3 ge S

4 seit L

Promenade (Übersetzen)

Herr

H	Fuß	Richtung und Bewegung	Rhythmus	Kommando
1	RF	seit	L	seit
2	LF	kreuzt vor RF — über RF eine Achteldrehung	S	ü-
3	RF	am Platz belasten — zurückdrehen	S	ber
4	LF	seit	L	seit
5	RF	kreuzt vor LF — über LF eine Achteldrehung	S	ü-
6	LF	am Platz belasten — zurückdrehen	S	ber

Position beider Partner:

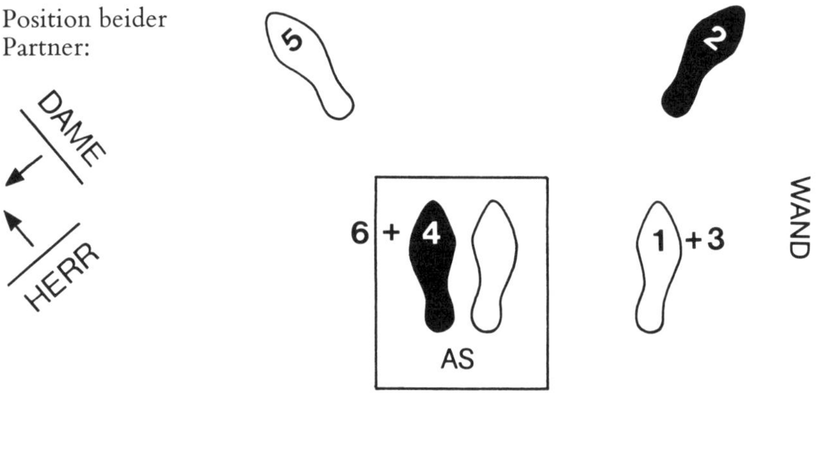

Bemerkungen:
Beim Übersetzen nach rechts, vom Herrn aus gesehen, reicht er der Dame seine linke und sie ihm ihre rechte Hand. Auf Schritt 4 wechseln sie die Hände.

Dame

D	Fuß	Richtung und Bewegung	Rhythmus	Kommando
1	LF	seit	L	seit
2	RF	kreuzt vor LF über LF eine Achteldrehung	S	ü-
3	LF	am Platz belasten zurückdrehen	S	ber
4	RF	seit	L	seit
5	LF	kreuzt vor RF über RF eine Achteldrehung	S	ü-
6	RF	am Platz belasten zurückdrehen	S	ber

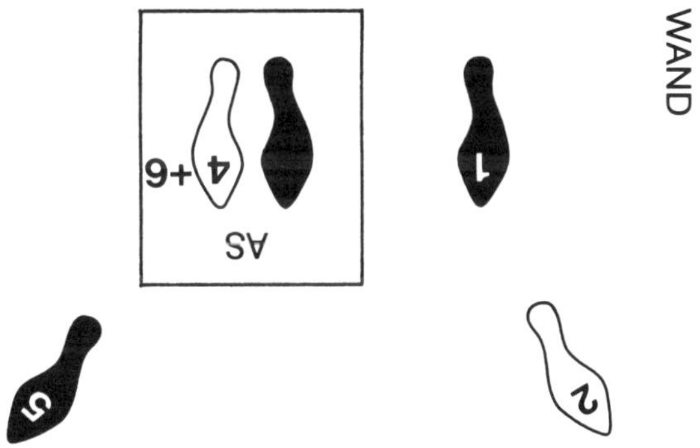

Promenade (Übersetzen)

1 seit L

2 ü- S

5 ü- S

6 ber S

3 ber S

4 seit L

Damensolo (Alemana)

Herr

H	Fuß	Richtung und Bewegung	Rhythmus	Kommando
1	RF	seit	L	seit
2	LF	vor	S	Wie-
3	RF	am Platz belasten	S	ge
4	LF	schließen	L	schließen
5	RF	rück	S	Wie-
6	LF	am Platz belasten	S	ge
1	RF	Ausnahme: nicht seit, sondern schließen	L	seit

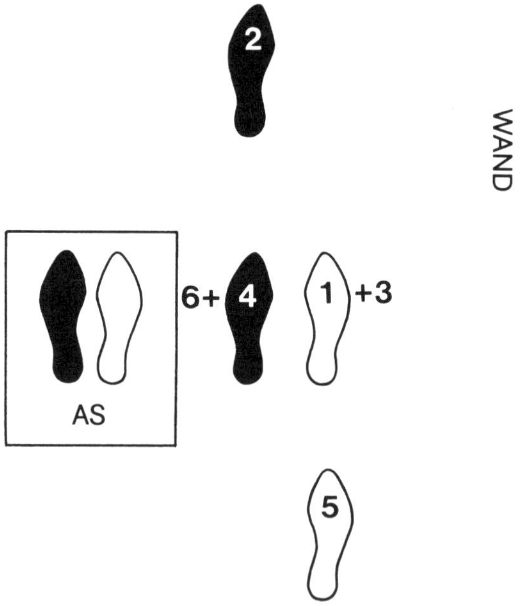

Bemerkung:
Die Dame dreht unter dem linken Arm des Herrn, während er seine rechte Hand an seine Hüfte legt.

Dame

D	Fuß	Richtung und Bewegung	Rhythmus	Kommando
1	LF	seit	L	seit
2	RF	rück	S	Wie-
3	LF	am Platz belasten	S	ge
4	RF	seit	L	Alemana
5	LF	vor, stark nach rechts drehen	S	drehen
6	RF	vor, weiter n. rechts drehen, ganze Drehung vollenden	S	drehen
1	LF	vor	L	Schritt

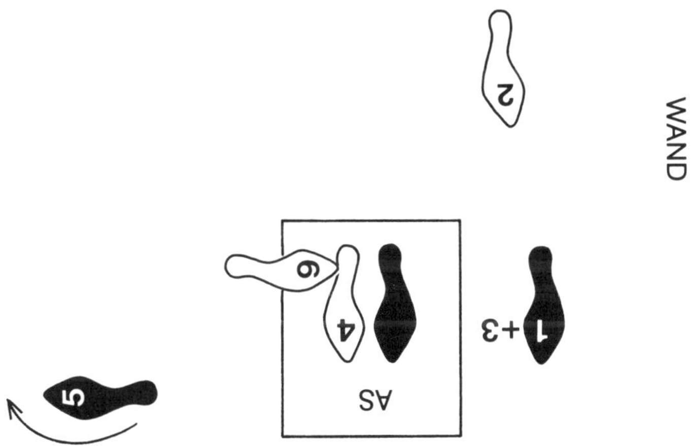

Damensolo (Alemana)

1 seit L

2 Wie- S

5 drehen S

6 drehen S

3 ge S

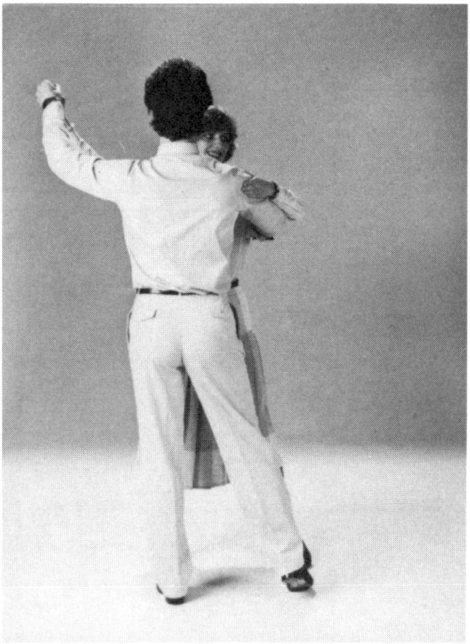

4 Alemana L

1 seit L

Hinterkreuzen (Hand to Hand)

Herr

H	Fuß	Richtung und Bewegung		Rhythmus	Kommando
1	RF	seit		L	seit
2	LF	kreuzt hinter RF	eine Achteldrehung links	S	hin-
3	RF	am Platz belasten	zurückdrehen	S	ter
4	LF	seit		L	seit
5	RF	kreuzt hinter LF	eine Achteldrehung rechts	S	hin-
6	LF	am Platz belasten	zurückdrehen	S	ter

Position beider Partner

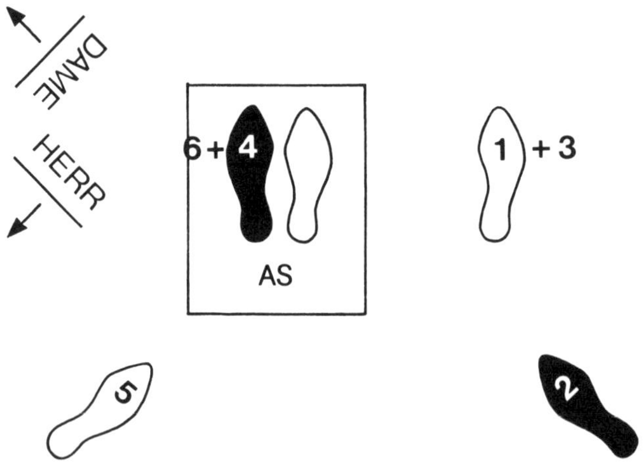

Bemerkung:
Beim Hintersetzen, nach links vom Herrn aus gesehen, reicht er der Dame seine rechte und sie ihm ihre linke Hand. Auf Schritt 4 wechseln sie die Hände.

Dame

D	Fuß	Richtung und Bewegung		Rhythmus	Kommando
1	LF	seit		L	seit
2	RF	kreuzt hinter LF	eine Achteldrehung rechts	S	hin-
3	LF	am Platz belasten	zurückdrehen	S	ter
4	RF	seit		L	seit
5	LF	kreuzt hinter RF	eine Achteldrehung links	S	hin-
6	RF	am Platz belasten	zurückdrehen	S	ter

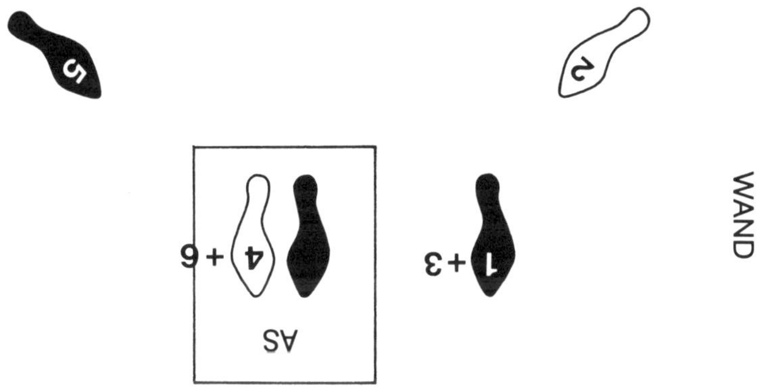

Hinterkreuzen (Hand to Hand)

1 seit L

2 hin- S

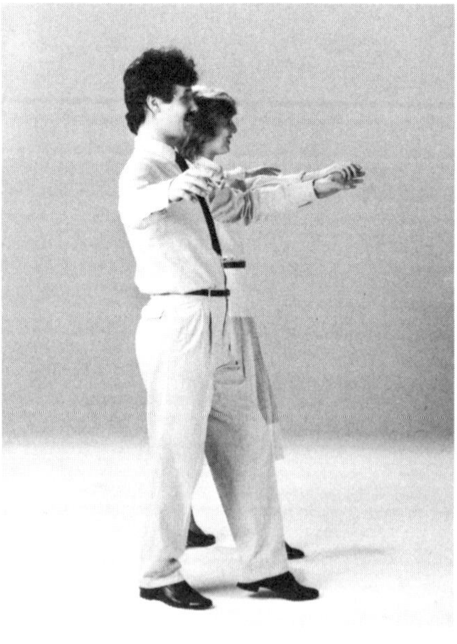

5 hin- S

6 ter S

3 ter S

4 seit L

Samba

Geschichte und Einleitung

Der oder die Samba (beide Artikel sind gebräuchlich) ist der lateinamerikanische Tanz schlechthin.
Wer an Samba denkt, meint damit wahrscheinlich auch Karneval in Rio, zwei Dinge, die nicht voneinander zu trennen sind.
Der Samba wurde erst 1948 als Gesellschaftstanz in Europa populär. Europäer tun sich in der Regel etwas schwer damit, diesen Tanz zu erlernen, da man, wie in keinem anderen Tanz, seinen ganzen Körper schwingen lassen muß. Das wichtigste überhaupt ist, daß man sein Becken, seine Hüfte frei bewegen muß, ohne darauf zu achten, ob man vielleicht ein paar Kilo zuviel hat. Genieren Sie sich also nicht und bringen Sie Ihre Hüfte in Bewegung.
Bitte haben Sie nun keine Angst vor dem, was nun auf Sie zukommt. Für Europäer wurde der Samba ein bißchen vereinfacht, so daß man also nicht unbedingt südländisches Temperament haben muß, um Samba zu tanzen.

Takt: 2/4-Takt

Tempo: 54 bis 60 Takte/Minute. Diese Tempoangabe gilt für Europäer und Turniertänzer. In Lateinamerika wird der Tanz wesentlich schneller gespielt.

Tanzrichtung: Hier gibt es keine feste Regelung, doch empfiehlt es sich, vom Herren aus gesehen, Front zur Wand anzufangen, da die Promenade später in Tanzrichtung getanzt wird und man so, wie zum Beispiel im Foxtrott, den ganzen Saal umrunden soll.

Tanzhaltung: Lateinamerikanische Tanzhaltung.

Fußarbeit: Die Fußarbeit ist nicht sehr schwer, da Sie grundsätzlich keine Ferse setzen sollen, sondern nur auf den Ballen bzw. Ballen flach rhythmisch mit Ihren Füßen zur Musik mitfedern. Also, besonders leichtfüßig tanzen.

Schrittverbindungen: 2x Wischer
1x Damensolo
2x Promenade

Lernhilfen: Wie Ihnen sicherlich aufgefallen ist, fehlt bei den Schrittverbindungen der einfache Grundschritt. Ich nenne ihn deshalb einfachen Grundschritt, damit man ihn nicht mit dem Wiegeschritt verwechselt, den man in der Regel auch Wiegegrundschritt nennt.
Diesen einfachen Grundschritt brauchen Sie auch nur am Anfang zu tanzen, damit Sie den Rhythmus dieses Tanzes kennenlernen.
Bevor Sie aber diesen Grundschritt erlernen, gibt es eine Möglichkeit, den richtigen Bewegungsablauf für die Knie zu lernen.
Diese Übung bitte solo (einzeln) tanzen.
Skigymnastik hilft Ihnen dabei, nun das richtige Kniefedern zur Musik zu erlernen: Springen Sie abwechselnd (nicht zu hoch) vom rechten Bein auf das linke Bein und vom linken Bein auf das rechte Bein. Gehen Sie dabei leicht ins Knie. Für Skifahrer ist dies die Übung, um ein wenig das Gefühl für das „Wedeln" zu bekommen.
Wenn Sie nun den Sambarhythmus tanzen wollen, müssen Sie nur jedes Bein zweimal beugen und strecken. Wollen Sie dies nun zur Musik üben, geben Sie folgende Kommandos:
Zweimals rechts „und" (ist „+" in der Schrittbeschreibung), zweimal links „und".
Ich habe das „und" (+) absichtlich hervorgehoben, da Sie jeweils auf das Kommando „und" Ihr Gewicht auf das andere Bein verlagern sollen. Wenn Sie das Gewicht verlagern, bitte mit einem gebeugten Bein beginnen. Mit Hilfe eines anderen Kommandos können Sie vielleicht noch besser erkennen, was ich unter „Beugen und Strecken der Knie" verstehe.
Runter, rauf, runter „und" runter, rauf, runter.
Wenn Sie nun Ihre Beine im richtigen Rhythmus zur richtigen Zeit federn lassen können, wird Ihnen der Samba bestimmt viel Freude bereiten.

Herr

H	Fuß	Richtung und Bewegung	Rhythmus	Kommando
1	RF	vor	L	eins
2	LF	schließen ohne Gewicht	L	zwei
3	RF	rück	L	eins
4	LF	schließen	L	zwei

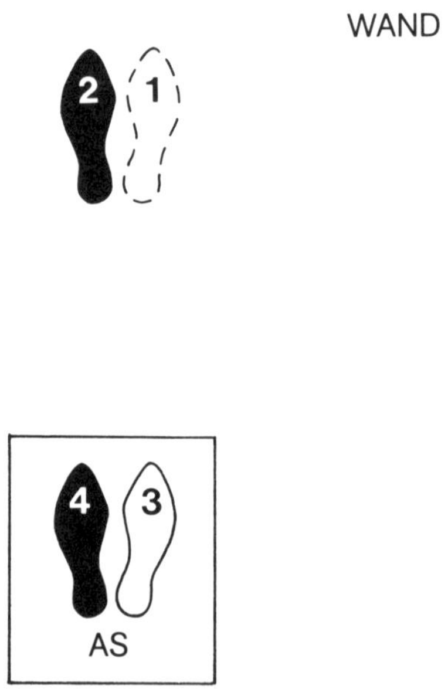

Dame

D	Fuß	Richtung und Bewegung	Rhythmus	Kommando
1	LF	rück	L	eins
2	RF	schließen	L	zwei
3	LF	vor	L	eins
4	RF	schließen	L	zwei

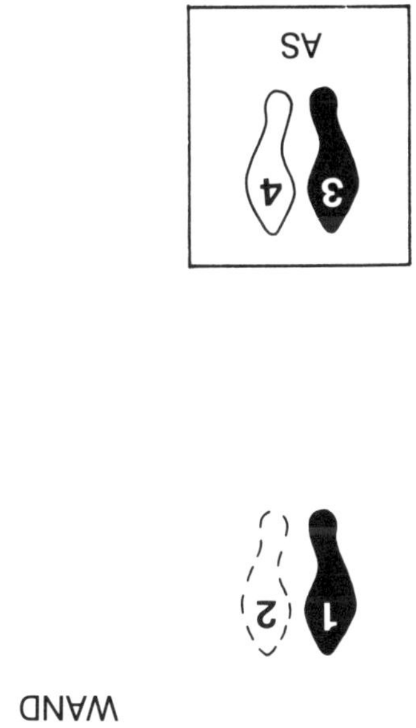

Grundschritt

1 Schritt L

2 Schritt L

3 Schritt L

4 Schritt L

Wischer rechts und links

Herr

H	Fuß	Richtung und Bewegung	Rhythmus	Kommando
1	RF	seit	L	Sam-
2	LF	kreuzt leicht hinter RF Ballen kurz belasten	+	ba
3	RF	am Platz belasten	L	Schritt
4	LF	seit	L	Sam-
5	RF	kreuzt leicht hinter LF Ballen kurz belasten	+	ba
6	LF	am Platz belasten	L	Schritt

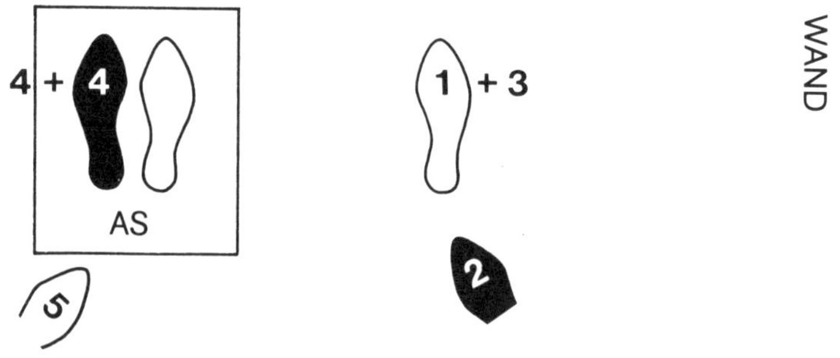

Dame

D	Fuß	Richtung und Bewegung	Rhythmus	Kommando
1	LF	seit	L	Sam-
2	RF	kreuzt leicht hinter LF Ballen kurz belasten	+	ba
3	LF	am Platz belasten	L	Schritt
4	RF	seit	L	Sam-
5	LF	kreuzt leicht hinter RF Ballen kurz belasten	+	ba
6	RF	am Platz belasten	L	Schritt

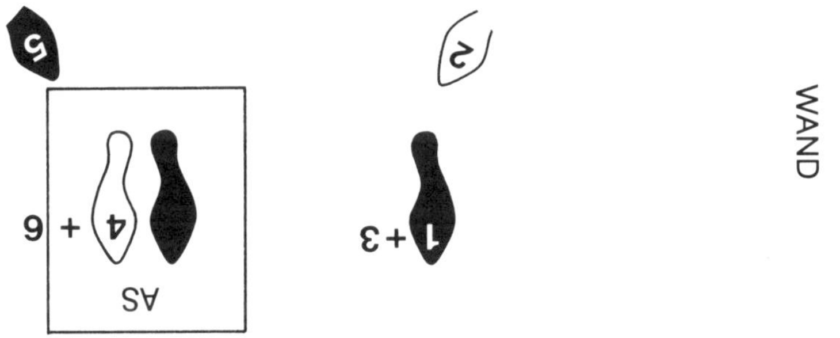

Wischer rechts und links

1 Sam- L

2 ba +

5 ba +

6 Schritt L

3 Schritt L

4 Sam- L

Herr

H	Fuß	Richtung und Bewegung	Rhythmus	Kommando
1	RF	seit	L	Sam-
2	LF	kreuzt leicht hinter RF Ballen kurz belasten	+	ba
3	RF	am Platz belasten	L	Schritt
4	LF	seit	L	Sam-
5	RF	kreuzt leicht hinter LF Ballen kurz belasten	+	ba
6	LF	am Platz belasten	L	Schritt

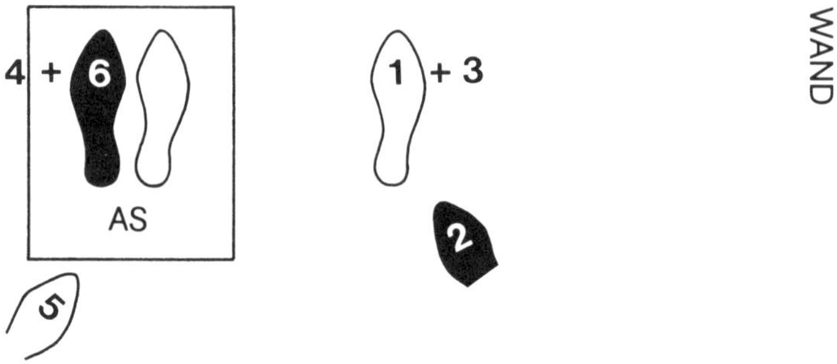

Bemerkung:
Der Herr hebt seine linke Hand, die Dame dreht unter den gefaßten Händen durch, während er seine rechte Hand an seine Hüfte legt.

Dame

D	Fuß	Richtung und Bewegung	Rhythmus	Kommando
1	LF	seit	L	Sam-
2	RF	kreuzt leicht hinter LF Ballen kurz belasten	+	ba
3	LF	am Platz belasten	L	Schritt
4	RF	vor / beginnt nach rechts zu drehen	L	Sam-
5	LF	schließen, Ballen kurz belasten, weiter drehen	+	ba
6	RF	am Platz belasten / ganze Drehung beenden	L	Schritt

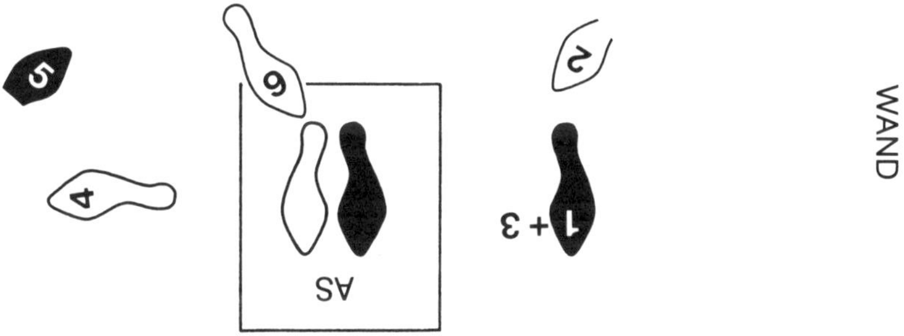

1 Sam- L

2 ba +

5 ba +

6 Schritt L

3 Schritt L

4 Sam- L

Dame

D	Fuß	Richtung und Bewegung	Rhythmus	Kommando
1	LF	vor in P.P.	L	Sam-
2	RF	am Platz belasten (Ballen kurz belasten)	+	ba
3	LF	ein wenig rückwärts ziehen	L	Schritt
4	RF	vor in P.P.	L	Sam-
5	LF	am Platz belasten (Ballen kurz belasten)	+	ba
6	RF	ein wenig rückwärts ziehen	L	Schritt

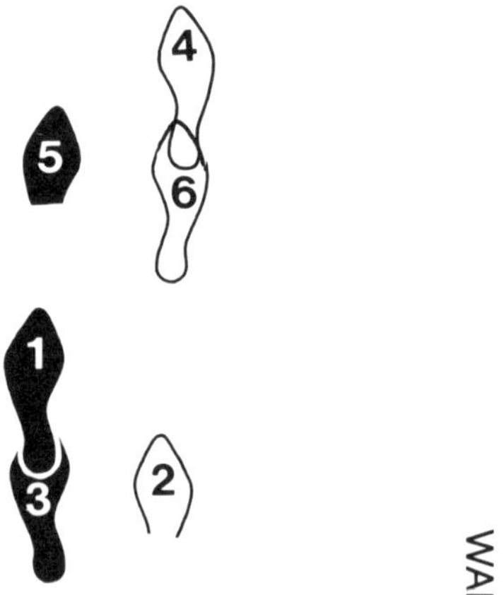

Die Tänzer stehen nebeneinander und tanzen beide vorwärts. Es empfiehlt sich, diese Figur nach einem Damensolo zu tanzen. In diesem Falle endet die Dame am Ende ihrer Drehung in Promenaden-Position, während er in Promenaden-Position öffnet.

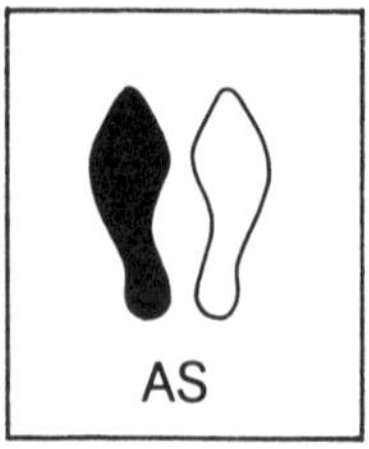

Herr

H	Fuß	Richtung und Bewegung	Rhythmus	Kommando
1	RF	vor in P.P.	L	Sam-
2	LF	am Platz belasten Ballen kurz belasten	+	ba
3	RF	ein wenig rückwärts ziehen	L	Schritt
4	LF	vor in P.P.	L	Sam-
5	RF	am Platz belasten Ballen kurz belasten	+	ba
6	LF	ein wenig rückwärts ziehen	L	Schritt

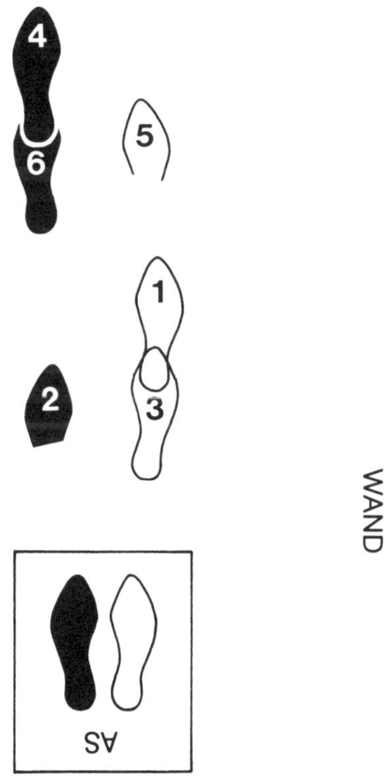

Promenade

1 Sam- L

2 ba +

5 ba +

6 Schritt L

3 Schritt L

4 Sam- L

Paso doble

Geschichte und Einleitung

Paso doble (span. Doppelschritt) ist seit dem 18. Jahrhundert die Bezeichnung für einen schnellen Infanteriemarsch. Er gehört seit Ende des 2. Weltkrieges zu den Turniertänzen. Ursprünglich war er ein spanischer Tanz, gehört aber heute zu den lateinamerikanischen Tänzen.
Richtigen Ausdruck verleiht man diesem Tanz, wenn der Herr sich beim Tanzen als Stierkämpfer (Torero) betrachtet und er seine Dame als das „rote Tuch" sieht und führt, welches den Stier reizt. Der Herr muß also besonders stolz und selbstsicher auftreten.
Der Paso doble ist sicherlich der einfachste lateinamerikanische Tanz, da man immer nur gleichschnelle Schritte zu setzen hat und so kaum rhythmische Schwierigkeiten zu fürchten braucht.
Betrachten Sie diesen Tanz als einen Marsch, den man in tänzerische Wege geleitet hat – In diesem Sinne: Olé!

Takt: 2/4-Takt.
Pro Taktschlag setzt man einen Schritt, wobei zu beachten ist, daß vom Herrn aus gesehen immer auf den ersten Taktschlag der rechte Fuß – Dame linker Fuß – gesetzt wird. Wichtig: Es gibt keine schnellen oder langsamen Schritte.

Tempo: 60 Takte/Minute

Tanzrichtung: Front in Tanzrichtung

Tanzhaltung und Führung: Die richtige Tanzhaltung ist wie bei allen anderen Tänzen sehr wichtig – doch gerade im Paso doble ist sie besonders wichtig, um dem Tanz den richtigen Ausdruck zu verleihen. Wir haben selbstverständlich die lateinamerikanische Tanzhaltung. Wie schon in der

Einleitung erwähnt, ist es der Tanz der Stierkämpfer, die ihr rotes Tuch auf eine elegante Art und Weise bewegen und um ihren Körper laufen lassen, d. h. die Führung des Herrn muß absolut vorrangig sein und die Dame hat sich besonders stark dem Willen des Herrn zu fügen. Bitte meine Damen, richten Sie sich danach, denn nur dann werden Sie diesen Tanz beherrschen lernen. Noch mehr Spaß haben Sie, wenn Sie ein wenig dazu schauspielern!

Fußarbeit: Hier erkennen Sie am deutlichsten, daß der Tanz europäischen Ursprungs ist. Sie dürfen bei einigen Schritten die Ferse setzen, was sonst in lateinamerikanischen Tänzen unüblich ist. Lediglich in dem Samba ist es in einigen Figuren möglich bzw. erlaubt, wird aber in der Regel nicht angewandt.
Die ersten beiden Schritte des Grundschrittes und auch anderer Figuren drükken den Charakter des Tanzes am besten aus. Sie heißen Appell und Attacke. Der Appell ist das feste Auftreten des rechten Fußes des Herrn oder linken Fußes der Dame, wobei darauf zu achten ist, daß dies mit dem flachen Fuß geschieht.
Den zweiten Schritt nennt man Attacke, da der Herr einen großen Schritt vorwärts tanzen und diesen Schritt mit der Ferse ansetzen soll.
Alle anderen Schritte werden in der Regel auf dem Ballen bzw. Ballen flach angesetzt.

Schrittverbindungen: 2x Grundschritt, 2x Promenade

Lernhilfen: Beginnen Sie, indem Sie sich einen Paso doble anhören, um den Charakter des Tanzes kennenzulernen. Hören Sie sich also erst in die Musik ein. Versuchen Sie dann langsam im Takt Ihre Füße mitzubewegen und auf der Stelle zu treten. Nun marschieren Sie ein wenig mit und versuchen mit der Zeit die charakteristischen Töne für Appell und Attacke herauszuhören – also die Punkte, die in der Musik ein bißchen stärker betont sind. Wenn Sie dies beherrschen, lernen Sie den Grundschritt und die Promenade. Sollten Ihnen diese beiden Figuren zu wenig sein, so ist es in diesem Tanz sehr einfach eigene Figuren zu erfinden, da man ja nur zu laufen braucht.
Als Beispiel: probieren Sie doch einfach einmal die Brezel zu tanzen, eine Figur, die im Disco-Fox erklärt wird und im Paso doble mit acht Schritten getanzt werden muß.

Herr

H	Fuß	Richtung und Bewegung	Rhythmus	Kommando
1	RF	am Platz aufsetzen (Appell)	1	Appell
2	LF	vor, großer Schritt (Attacke)	2	Attacke
3	RF	seit, kleiner Schritt	3	drei
4	LF	schließen	4	vier
5	RF	seit, kleiner Schritt	5	fünf
6	LF	schließen	6	sechs
7	RF	seit, kleiner Schritt	7	sieben
8	LF	schließen	8	acht

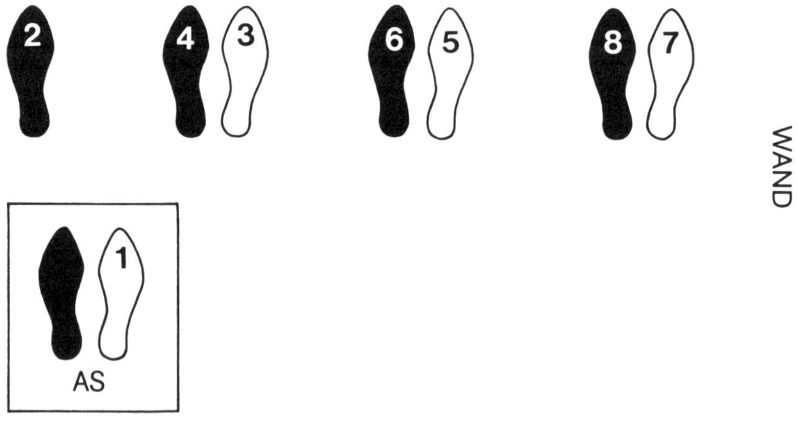

Bemerkungen:
Schritt 2 wird auf dem flachen Ballen nach vorne gesetzt.
Über die Schritte 1-4 erheben Sie sich auf den Ballen. Über die Schritte 5-8 senken Sie sich wieder.

Dame

D	Fuß	Richtung und Bewegung	Rhythmus	Kommando
1	LF	am Platz aufsetzen (Appell)	1	Appell
2	RF	vor, großer Schritt (Attacke)	2	Attacke
3	LF	seit, kleiner Schritt	3	drei
4	RF	schließen	4	vier
5	LF	seit, kleiner Schritt	5	fünf
6	RF	schließen	6	sechs
7	LF	seit, kleiner Schritt	7	sieben
8	RF	schließen	8	acht

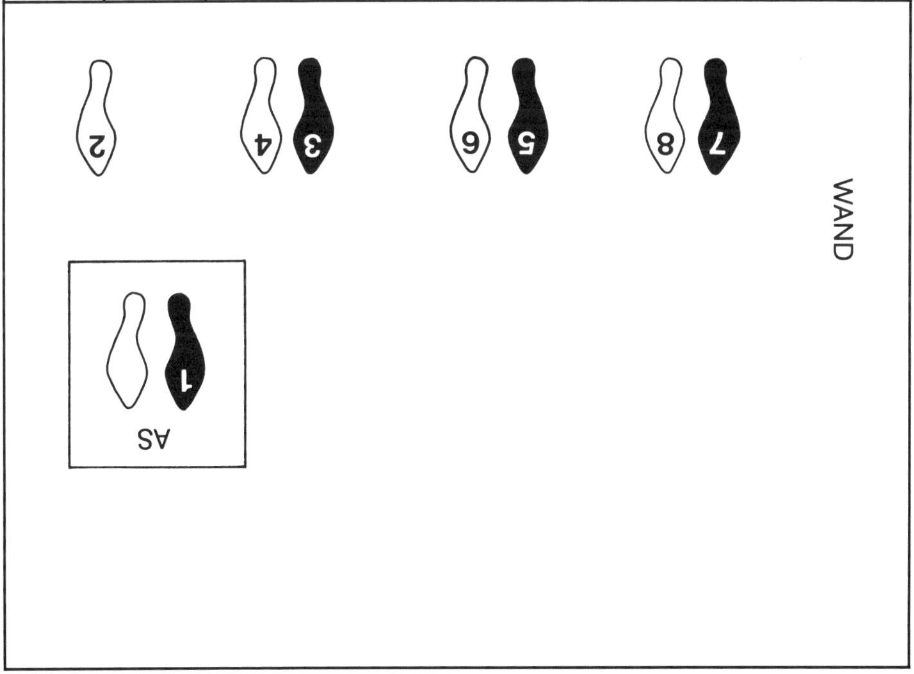

Grundschritt

1 Appell 1

2 Attacke 2

5 seit 5

6 schließen 6

3 seit 3

4 schließen 4

7 seit 7

8 schließen 8

Herr

H	Fuß	Richtung und Bewegung	Rhythmus	Kommando
1	RF	am Platz aufsetzen (Appell)	1	Appell
2	LF	vor und seit in P.P. öffnen	2	zwei
3	RF	vor, kreuzt über LF in P.P.	3	drei
4	LF	vor in TH	4	vier
5	RF	seit, kleiner Schritt	5	fünf
6	LF	schließen	6	sechs
7	RF	seit, kleiner Schritt	7	sieben
8	LF	schließen	8	acht

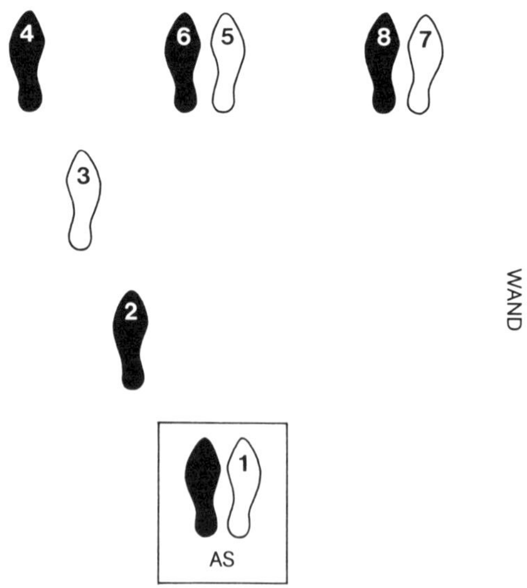

Bemerkung:
Auf Schritt 2 ruckartiges Öffnen in Promenaden-Position, auf Schritt 4 zurück in Tanzhaltung.

Dame

D	Fuß	Richtung und Bewegung	Rhythmus	Kommando
1	LF	am Platz aufsetzen (Appell)	1	Appell
2	RF	vor und seit in P.P. öffnen	2	zwei
3	LF	vor, kreuzt über RF in P.P.	3	drei
4	RF	rück in TH	4	vier
5	LF	seit, kleiner Schritt	5	fünf
6	RF	schließen	6	sechs
7	LF	seit, kleiner Schritt	7	sieben
8	RF	schließen	8	acht

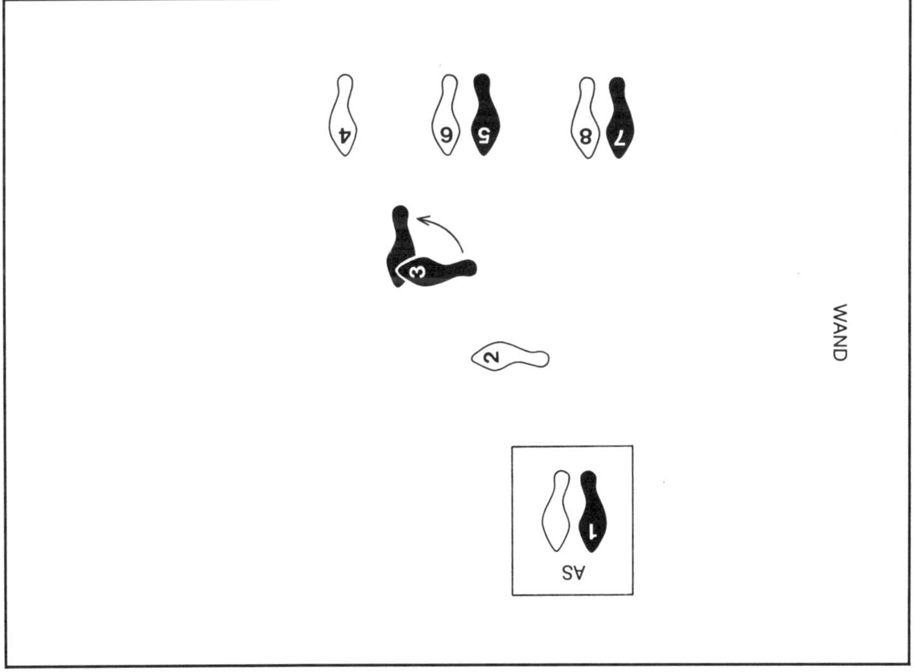

Promenade

1 Appell 1

2 vor 2

5 seit 5

6 schließen 6

3 über 3

4 schließen 4

7 seit 7

8 schließen 8

Jive

Geschichte und Einleitung

Es gibt wohl keinen Tanz, bei dem im Prinzip dieselbe Bewegung so viele verschiedene Namen hat. Den gleichen Tanz kennen Sie vielleicht besser als Bebob, Boogie, Jitterbug, Jive oder Rock'n'Roll. Diese Namensfülle ergab sich auf Grund seiner musikalischen Entwicklung.
Eigentlich kommen dieser Tanz und die Musik aus der Jazz-Ecke. Um 1930 begann die Zeit des Swing. Unter berühmten Komponisten und Arrangeuren wie Glen Miller, Count Bassie und Benny Goodman wurden die Rhythmen (besser ihre Betonungen entweder auf 1 und 3 oder 2 und 4) egalisiert zu einem gleichmäßigen Viererschlag. Hieraus entwickelte sich der härter gespielte Boogie, vertanzt wurde er mit einem Kreuzchassé aus dem Blues. Dieser gleichmäßige Viererschlag wurde härter und härter gespielt, er entwickelte sich zu dem maschinenhaften Rhythmus, den wir heute noch kennen. Gerade die Jugend fand Gefallen an dieser Art von Musik und Tanz.
Die Grundlagen der heute noch gültigen Schritte und Figuren entwickelten sich gegen Ende des zweiten Weltkrieges in den Negervierteln der amerikanischen Großstädte. Die Farbigen vertanzten z. B. in Harlem, bei ihren heißen Festen uralte, volkstümliche Tanzelemente, wie Sprünge, Kicks, Purzelbäume, Heben und Werfen der Partner, in der ihnen eigen spielerischen Art mit Spaß und Freude.

In Europa, und vor allem in England, war die traditionelle Tanzwelt entsetzt über diesen neuen Stil, dem man kaum eine Chance einräumte. Auf Drängen der Jugend wurde der Boogie akzeptiert, nach dem man ihm die Flügel stutzte und ihn vom Jitterbug zum Jive veränderte.

Durch das Boogie-Verbot im Dritten Reich begann die „Hochzeit“ dieses Tanzes in Deutschland erst nach Kriegsende. Auch hier wurden zunächst die alten Swing-Elemente gelehrt und vertanzt. Aus dieser Zeit stammen auch die Namen wie Swing-Boogie, Blues-Boogie.

Mit den vielen verschiedenen Namen (Swing, Boogie, Boogie-Woogie, Bebob, Jitterbug, Jive, Rock'n'Roll sowie diverse Kombinationen) entwickelten sich verschiedene Möglichkeiten, dieselbe Sache verschieden zu tanzen.

In diesem Buch wird der „Triple-“, „Double-“, „Single-“Grundschritt beschrieben. Alle Figuren sind im Triple-Time beschrieben, können aber genauso mit den anderen Grundschritten vertanzt werden.

In den siebziger Jahren hatte der Jive unter dem Begriff „Rock'n'Roll“ eine Renaissance mit eigenen Vereinen, Verbänden und Meisterschaften. Das Rock'n'Roll-Fieber ging wieder um die Welt. Auf diesen (Turnier-) Rock'n'-Roll-Schritt (6er bzw. 9er Schritt) gehen wir hier nicht ein. Für diese akrobatischen Figuren gibt es gesondert Bücher (siehe auch „Literaturverzeichnis“ im Anhang).

Jive

Takt: 4/4-Takt, gleichmäßig hart gespielt.

Tempo: 36 bis 48 Takte/Minute.

Tanzrichtung: beliebig

Tanzhaltung: offene Gegenüberstellung, eine Hand (Herr links, Dame rechts) reichen.

Fußarbeit: Ballen flach, schnellfüßig

Schrittverbindungen:

Für den Anfänger:	2x Grundschritt 1x Damensolo hin, 1x Damensolo her von Anfang
Für den Fortgeschrittenen:	2x Grundschritt 1x Damensolo hin, 1x Damensolo her 1x Hand- und Platzwechsel hin und her 2x Grundschritt

Lernhilfen: Alle drei möglichen Grundschritte sind gleich aufgebaut. Unterschiedlich sind sie nur in der Seitwärtsbewegung. Im gleichen Taktteil(1/2) vertanzt man entweder

1 Schritt = Single
2 Schritte = Double
oder 3 Schritte = Triple.

Da alle Schritte im Triple beschrieben sind, sollten Sie auch diesen Grundschritt zuerst erlernen. Tanzen Sie seit Jahren einen anderen Grundschritt, bleiben Sie bei diesem und verändern die Figuren analog.

	Single		Double		Triple	
1	rück	(1/4)	rück	(1/4)	rück	(1/4)
2	vor	(1/4)	vor	(1/4)	vor	(1/4)
3 4	Schritt	(1/2)	Tap Schritt	(1/4) (1/4)	seit ran seit	(1/4) (1/16) (3/16)
5 6	Schritt	(1/2)	Tap Schritt	(1/4) (1/4)	seit ran seit	(1/4) (1/16) (3/16)

Grundschritt „Triple“

Herr

H	Fuß	Richtung und Bewegung	Rhythmus	Kommando
1	LF	hinter RF etwas nach links drehen	S	rück
2	RF	am Platz belasten in P.P.	S	vor
3	LF	seit nach links, zurückdrehen	S	drei
4	RF	fast schließen	+	und
5	LF	seit, kleiner Schritt	S	vier
6	RF	seit nach rechts	S	fünf
7	LF	fast schließen	+	und
8	RF	seit, kleiner Schritt	S	sechs

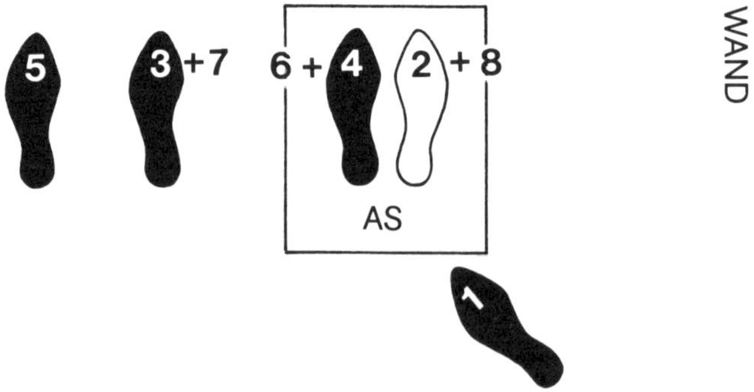

Bemerkungen:
Leicht, lockere Bewegungen und das Gewicht zwischen den Füßen halten. Nicht den Oberkörper nach hinten nehmen.

Dame

D	Fuß	Richtung und Bewegung	Rhythmus	Kommando
1	RF	hinter LF etwas nach rechts drehen	S	rück
2	LF	am Platz belasten in P.P.	S	vor
3	RF	seit nach rechts, zurückdrehen	S	drei
4	LF	fast schließen	+	und
5	RF	seit, kleiner Schritt	S	vier
6	LF	seit nach links	S	fünf
7	RF	fast schließen	+	und
8	LF	seit, kleiner Schritt	S	sechs

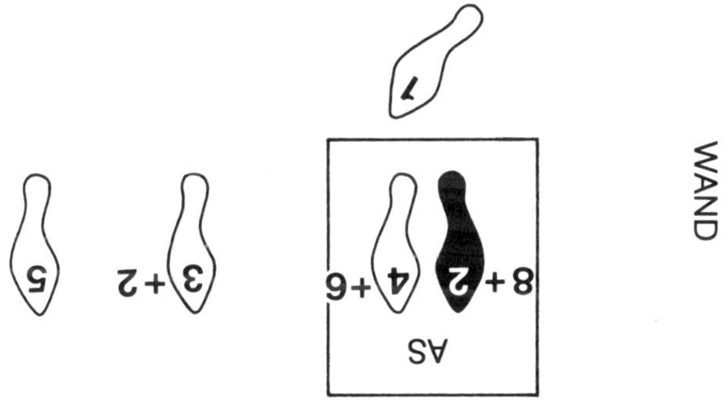

Grundschritt „Triple“

1 rück S

2 vor S

5 seit S

6 seit S

3 seit S

4 ran +

7 ran +

8 seit S

Grundschritt „Double“

Herr

H	Fuß	Richtung und Bewegung	Rhythmus	Kommando
1	LF	hinter RF etwas nach links drehen	S	rück
2	RF	am Platz belasten in P.P.	S	vor
3	LF	schließen, ohne Gewicht/Tap	S	Tap
4	LF	seit, kleiner Schritt	S	Schritt
5	RF	schließen, ohne Gewicht/Tap	S	Tap
6	RF	seit, kleiner Schritt	S	Schritt

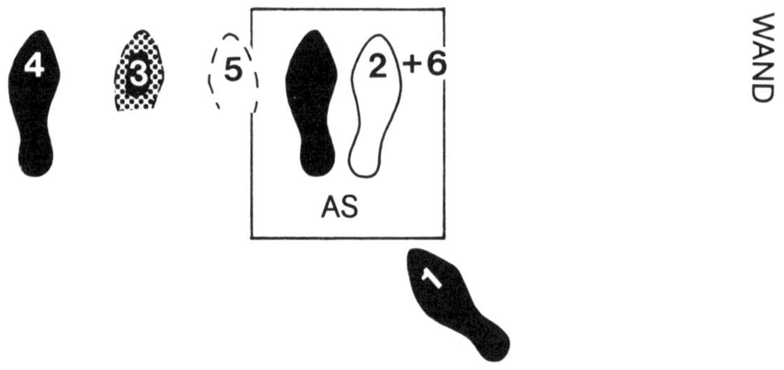

Bemerkung:
Es ist auch möglich, die Schritte 2 + 3 zu tauschen und Tap – Schritt tanzen, also nicht wie hier beschrieben erst Schritt und dann Tap.

Dame

D	Fuß	Richtung und Bewegung	Rhythmus	Kommando
1	RF	hinter LF etwas nach rechts drehen	S	rück
2	LF	am Platz belasten in P.P.	S	vor
3	RF	schließen, ohne Gewicht/Tap	S	Tap
4	RF	seit, kleiner Schritt	S	Schritt
5	LF	schließen, ohne Gewicht/Tap	S	Tap
6	LF	seit, kleiner Schritt	S	Schritt

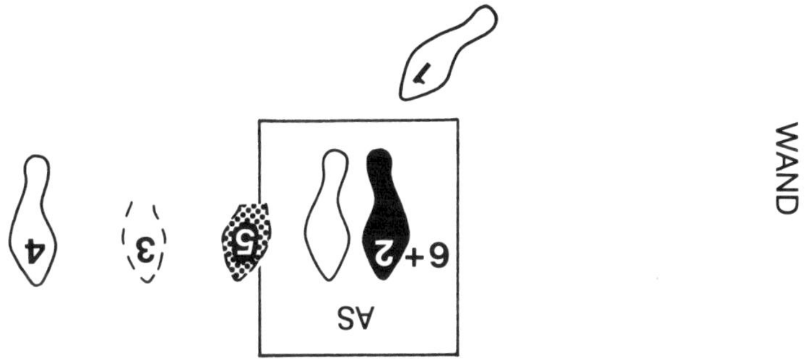

Grundschritt „Double“

1 rück S

2 vor S

5 Tap S

6 Schritt S

3 Tap S

4 Schritt S

Grundschritt „Single“

Herr

H	Fuß	Richtung und Bewegung	Rhythmus	Kommando
1	LF	hinter RF etwas nach links drehen	S	rück
2	RF	am Platz belasten in P.P.	S	vor
3	LF	seit, zurückdrehen	L	Schritt
4	RF	am Platz belasten	L	Schritt

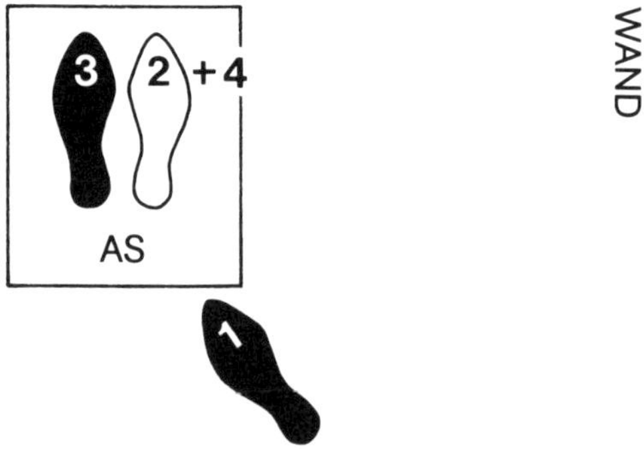

Bemerkung:
Dieser Schritt empfiehlt sich, wenn die Musik sehr schnell wird.

Dame

D	Fuß	Richtung und Bewegung	Rhythmus	Kommando
1	RF	hinter LF etwas nach rechts drehen	S	rück
2	LF	am Platz belasten in P.P.	S	vor
3	RF	seit, zurückdrehen	L	Schritt
4	LF	am Platz belasten	L	Schritt

Grundschritt „Single“

1 rück S

2 vor S

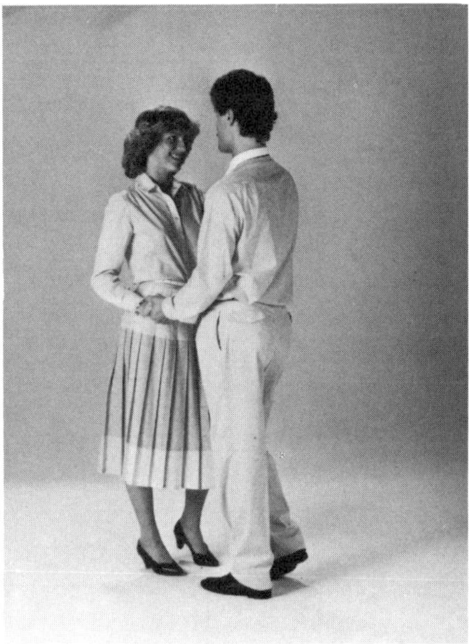

3 Schritt L

4 Schritt L

Damensolo „hin“

Herr

H	Fuß	Richtung und Bewegung	Rhythmus	Kommando
1	LF	hinter	S	rück
2	RF	am Platz belasten	S	vor
3	LF	vor, der Dame entgegen	S	drei
4	RF	fast schließen	+	und
5	LF	vor	S	vier
6	RF	rück eine halbe Drehung linksherum, linker Arm hoch	S	drehen (fünf)
7	LF	fast schließen	+	und
8	RF	rück	S	sechs

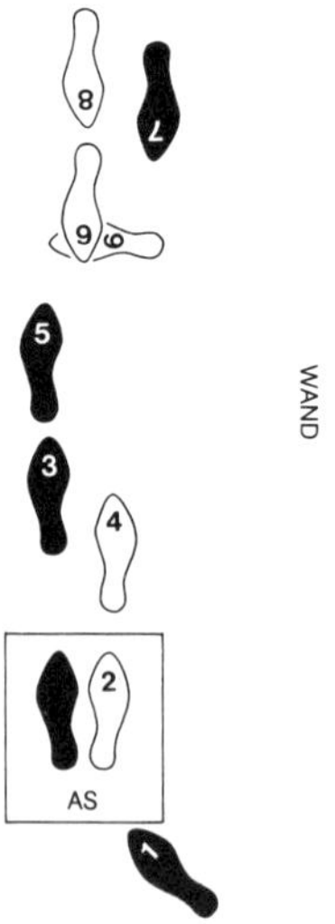

Dame

D	Fuß	Richtung und Bewegung	Rhythmus	Kommando
1	RF	hinter	S	rück
2	LF	am Platz belasten	S	vor
3	RF	vor, dem Herrn entgegen	S	drei
4	LF	fast schließen	+	und
5	RF	vor	S	vier
6	LF	rück eine halbe Drehung rechtsherum, unter linkem Arm des Herrn	S	drehen (fünf)
7	RF	fast schließen	+	und
8	LF	rück	S	sechs

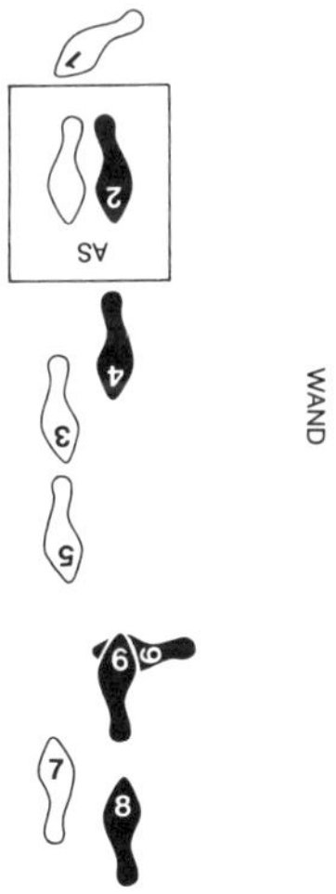

Damensolo „hin“

1 rück S

2 vor S

5 Schritt S

6 Schritt S

3 Schritt S

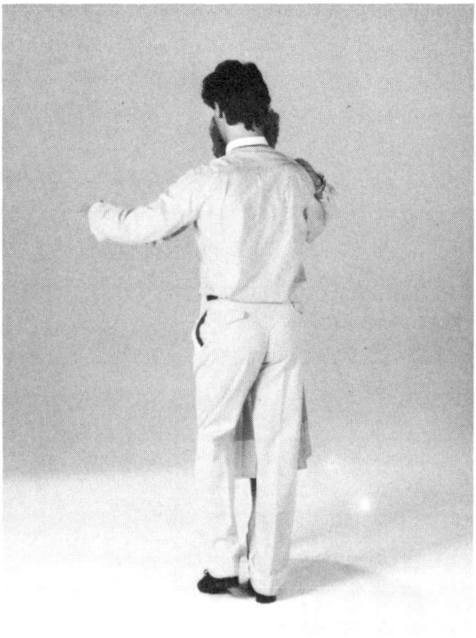

4 ran +

7 ran +

8 Schritt S

Damensolo „her“

Herr

H	Fuß	Richtung und Bewegung	Rhythmus	Kommando
1	LF	hinter	S	rück
2	RF	am Platz belasten	S	vor
3	LF	vor, der Dame entgegen	S	drei
4	RF	fast schließen	+	und
5	LF	vor	S	vier
6	RF	rück eine halbe Drehung, linker Arm hoch, nach rechts führen	S	drehen (fünf)
7	LF	fast schließen	+	und
8	RF	rück	S	sechs

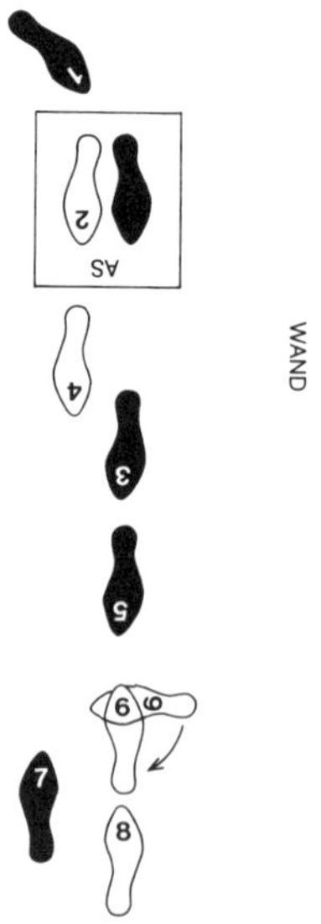

Dame

D	Fuß	Richtung und Bewegung	Rhythmus	Kommando
1	RF	hinter	S	rück
2	LF	am Platz belasten	S	vor
3	RF	vor, dem Herrn entgegen	S	drei
4	LF	fast schließen	+	und
5	RF	vor	S	vier
6	LF	rück eine halbe Drehung unter eigenem rechten Arm	S	drehen (fünf)
7	RF	fast schließen	+	und
8	LF	rück	S	sechs

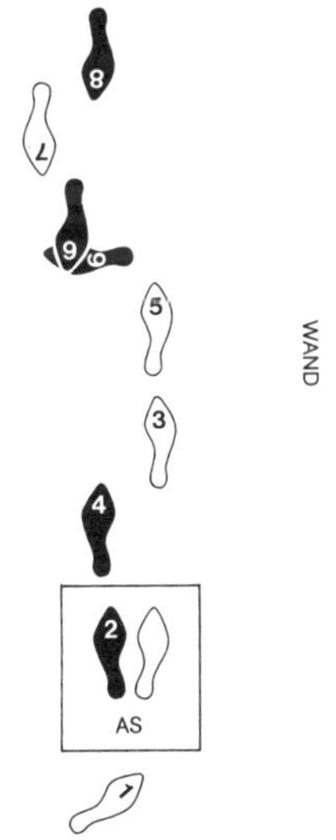

Damensolo „her“

1 rück S

2 vor S

5 Schritt S

6 Schritt S

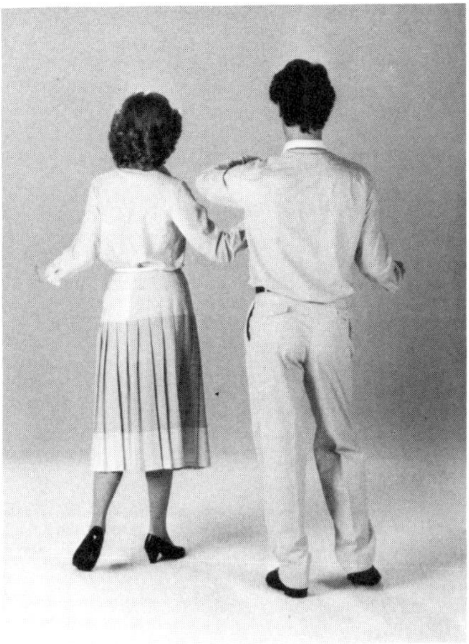

3 Schritt S

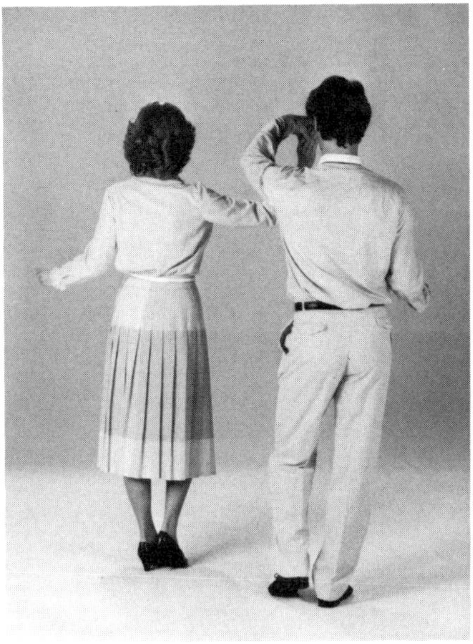

4 ran +

7 ran +

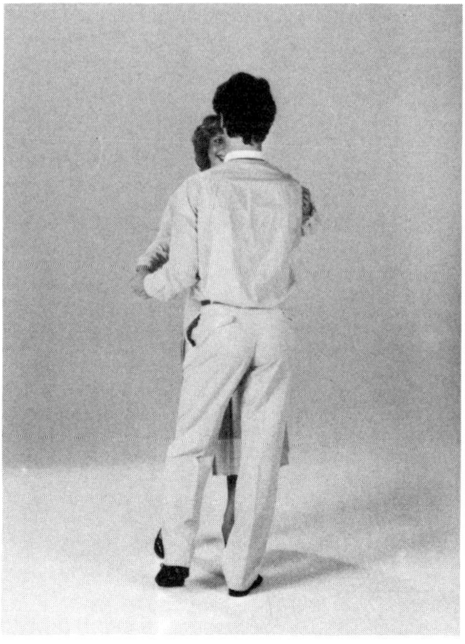

8 Schritt S

Hand- und Platzwechsel „hin“

Herr

H	Fuß	Richtung und Bewegung	Rhythmus	Kommando
1	LF	hinter	S	rück
2	RF	am Platz belasten	S	vor
3	LF	vor, der Dame entgegen und rechte Hand geben	S	drei
4	RF	fast schließen	+	und
5	LF	vor	S	vier
6	RF	rück eine halbe Drehung links, hinter dem Rücken Handwechsel	S	fünf
7	LF	fast schließen	+	und
8	RF	rück	S	sechs

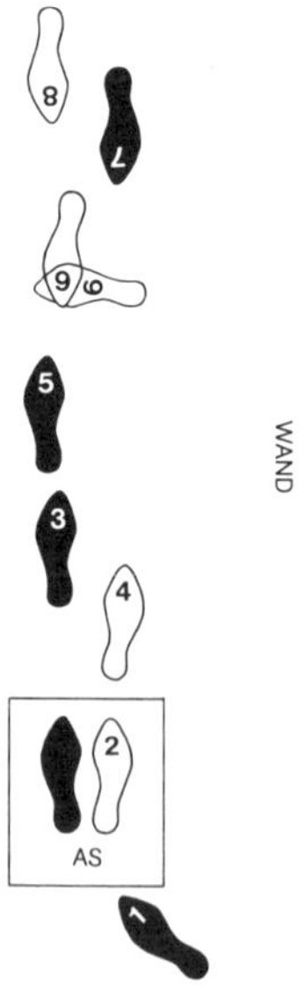

Dame

D	Fuß	Richtung und Bewegung	Rhythmus	Kommando
1	RF	hinter	S	rück
2	LF	am Platz belasten	S	vor
3	RF	vor, dem Herrn entgegen	S	drei
4	LF	fast schließen	+	und
5	RF	vor	S	vier
6	LF	rück eine halbe Drehung rechts	S	fünf
7	RF	fast schließen	+	und
8	LF	rück	S	sechs

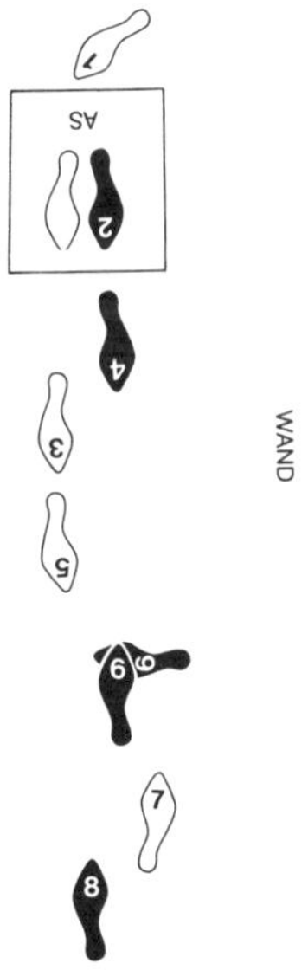

Hand- und Platzwechsel „hin“

1 rück S

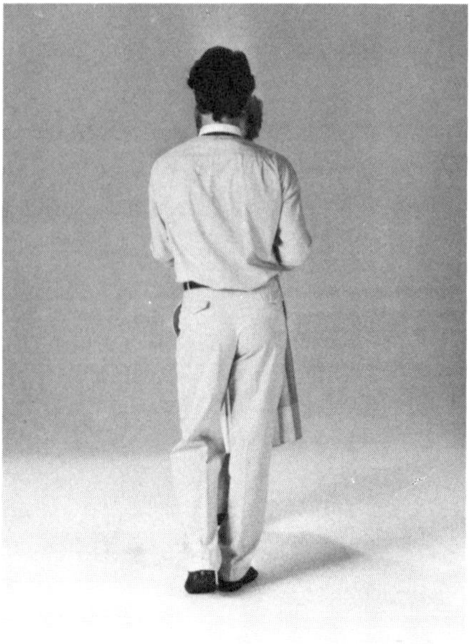

2 vor S

5 Schritt S

6 Schritt S

3 Schritt S

4 ran +

7 ran +

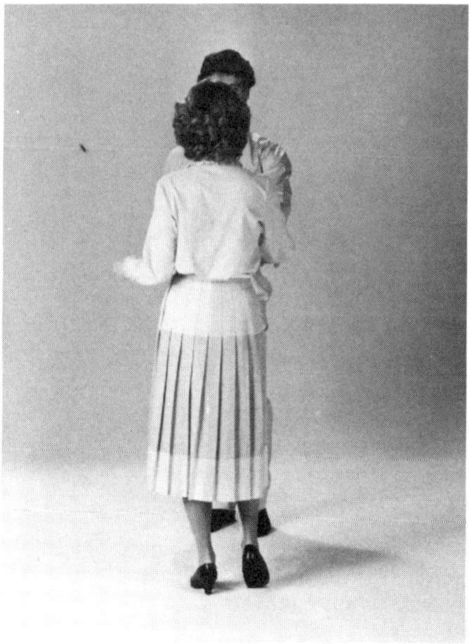

8 Schritt S

Hand- und Platzwechsel „her“

Herr

H	Fuß	Richtung und Bewegung	Rhythmus	Kommando
1	LF	hinter	S	rück
2	RF	am Platz belasten	S	vor
3	LF	vor, linker Arm hoch	S	Da-
4	RF	fast schließen	+	me
5	LF	vor	S	dreht
6	RF	rück eine halbe Drehung links, unter den gefaßten Händen	S	der
7	LF	fast schließen linker Arm runter	+	Herr
8	RF	rück	S	dreht

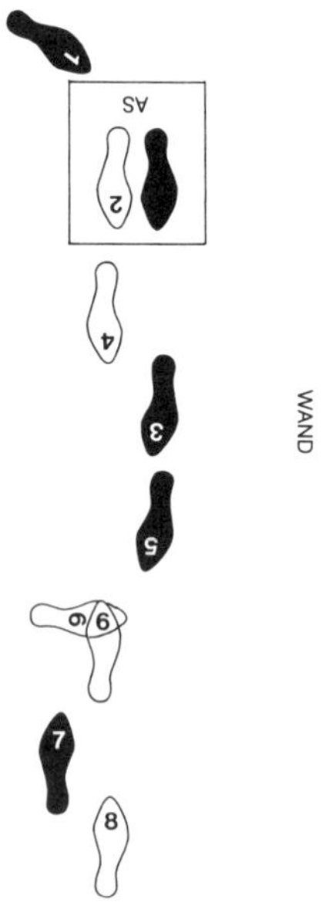

Dame

D	Fuß	Richtung und Bewegung	Rhythmus	Kommando
1	RF	hinter	S	rück
2	LF	am Platz belasten	S	vor
3	RF	vor, eine halbe Drehung links	S	Da-
4	LF	fast schließen, weiter drehen	+	me
5	RF	leicht rück, Drehung vollenden	S	dreht
6	LF	rück	S	der
7	RF	fast schließen	+	Herr
8	LF	rück	S	dreht

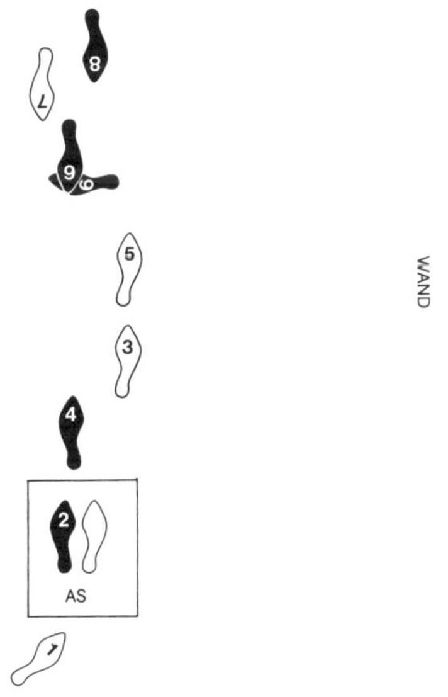

Hand- und Platzwechsel „her“

1 rück S

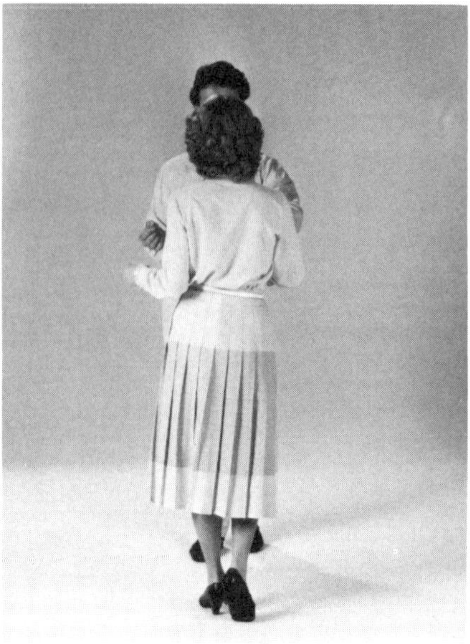

2 vor S

5 Schritt S

6 Schritt S

3 Schritt S	4 ran +
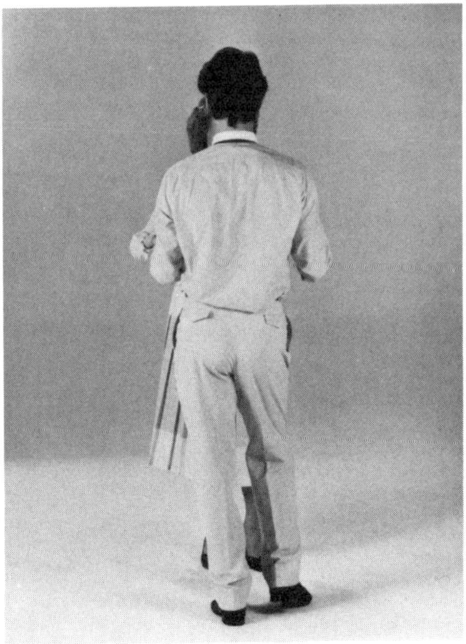	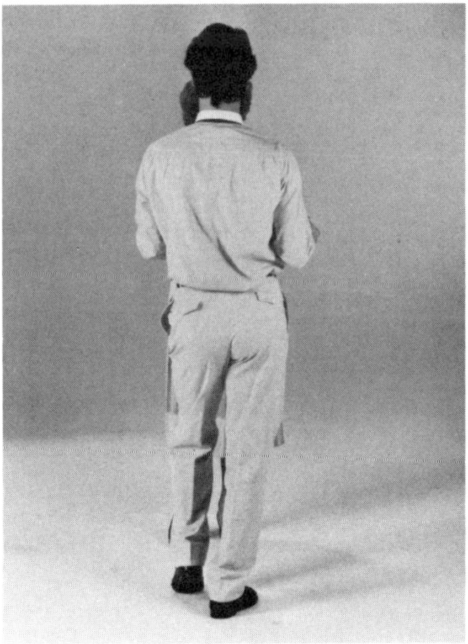
7 ran +	8 Schritt S

Disco-Fox

Geschichte und Einleitung

Der Disco-Fox, am Anfang Beat-Fox genannt, ist der jüngste unserer Gesellschaftstänze, da er sich erst in den 70er Jahren in Deutschland entwickelte. Er ist entstanden, weil viele Disco-Solotänzer zur Disco-Musik auch paarweise tanzen wollten. Wie der Name Disco-Fox schon ausdrückt, begann es mit dem Foxtrott, der sich, da er auch ein Tanz ist, der im 4/4-Takt steht, für die neue Musik anbot. Man begann also Figuren aus dem Foxtrott, später auch aus dem Boogie, in den schnelleren Rhythmus umzusetzen. Zwangsläufig mußte man nun versuchen immer weniger Platz zu beanspruchen, da die Tanzflächen kleiner, aber die Anzahl der Tänzer immer größer wurden. Es wurden somit Figuren erfunden, wie zum Beispiel das „Ein- und Ausrollen" (Körbchen) oder die Brezel, damit man auf wenig Platz möglichst viel Tänzerisches erreichen konnte.
Durch die gleichzeitige Entwicklung des Disco-Hustle, der in Amerika seinen Ursprung hatte, wurde der Disco-Fox außerordentlich aufgewertet. Man übernahm aus dem Hustle viele schöne, interessante und leicht erlernbare Figuren, die wenig Platz benötigen und auch noch eindrucksvoll aussehen. Und wer möchte nicht ein gutes Bild beim Tanzen abgeben.
Der Durchbruch gelang dem Disco-Fox, als auch „ältere Semester" anfingen, den Disco-Fox zu tanzen und großen Gefallen an ihm fanden. Denn wo gibt es heute noch Möglichkeiten für die Altersgruppen ab 40, noch richtig tanzen zu gehen, außer in Tanzschulen. In Bars oder Nachtklubs hört man heute höchst selten einen langsamen Walzer, sondern in der Regel nur noch Disco-Musik. Um also heute tanzen zu gehen und Spaß daran zu haben, sollte man den Disco-Fox zumindestens in seinen Grundzügen beherrschen.

Takt: 4/4-Takt

Tempo: Hier gibt es noch keine feste Regelung. Es bleibt also jedem einzelnen freigestellt, zu schneller oder langsamer Musik zu tanzen.

Tanzrichtung: Wie schon in anderen Tänzen, bleibt es Ihnen überlassen, Ihre Startrichtung festzulegen. Für eine bessere Orientierung sollten Sie sich einen markanten Punkt im Raum suchen, da dies die Führung durch den Herrn erleichtert.

Tanzhaltung: Der Disco-Fox ist wohl der einzige Tanz, in dem die Tanzhaltung keine große Rolle spielt. Trotzdem können Sie etwas falsch machen. Vermeiden Sie es, die Arme in einer, wie in den anderen Tänzen üblich, waagerechten und ruhigen Haltung zu halten. Lassen Sie die Arme und auch den Oberkörper rhythmisch zur Musik und den Figuren angepaßt mitschwingen. Wir stehen auch nicht in einer direkten Gegenüberstellung, sondern in einer leichten Promenaden-Position.
Um dies zu verdeutlichen, zeige ich Ihnen die am besten an Hand eines leicht zu verstehenden Schaubildes.

Lateinamerikanische Tanzhaltung

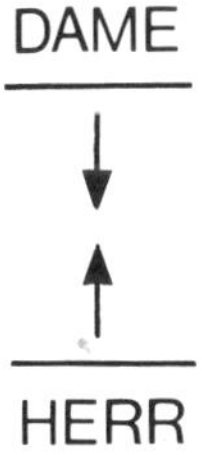

Tanzhaltung des Disco-Fox

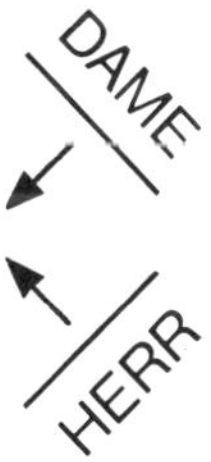

(Pfeil = Blickrichtung der Tänzer)

Während eines Grundschrittes verändert sich der Abstand beider Tänzer zueinander.
Bei einem Tap-Schritt öffnen wir unsere Promenaden-Position ein wenig und während der nun folgenden beiden Schritte bewegen wir uns wieder aufeinander zu und gehen in unsere Ausgangsstellung zurück.
Erst wenn Sie dies beherrschen, bringen Sie den Disco-Fox richtig zur Geltung, und es macht auch gleich noch mehr Spaß ihn zu tanzen.

Fußarbeit: Zur Fußarbeit ist beim Disco-Fox am wenigsten zu sagen, da es dem Charakter des Tanzes entspricht, möglichst wenig Regeln aufzustellen. Sie werden es selbst sehr schnell merken, daß es, wenn Sie die Schritte mit der Ferse ansetzen, so gut wie unmöglich ist, den Tanz richtig zu tanzen, da die Ferse nur störend wirkt. Also vermeiden Sie es am besten von Anfang an.

Schrittverbindungen: 2x Grundschritt
1x Damensolo „hin und her"
1x Ein- und Ausrollen (Körbchen)
1x Brezel
1x Hand- und Platzwechsel (streicheln lassen)
1x 1/2 Grundschritt zurück in die Tanzhaltung.

Lernhilfen: Beginnen Sie damit, den Grundschritt des Tanzes ganz alleine für sich, getrennt vom Partner, zu erlernen. Prägen Sie sich ein, wer mit welchem Fuß zu beginnen hat.
Nun tanzen Sie den Grundschritt nicht auf der Stelle (also Tap, Platz, Platz, usw.), sondern verändern Sie ihn ein wenig, indem Sie diesen Schritt abwechselnd gerade vorwärts und dann rückwärts tanzen.
Das Kommando dazu würde dann folgendermaßen lauten: Tap, laufen, laufen, Tap, laufen, laufen.
Während der ersten beiden „laufen, laufen“ gehen Sie vorwärts und bei den nächsten beiden „laufen, laufen“ gehen Sie rückwärts. Der Tap wird selbstverständlich auf der Stelle getanzt.
Diese Übung ist am besten geeignet, um den Tap zu erlernen. Die Beherrschung dieses Schrittes ist unbedingt notwendig, um später den Takt zu halten und rhythmisch richtig zu tanzen.
So einfach dieser Tap auch erscheint, so benötigen Sie, um im Takt zu tanzen, immerhin zwei Taktteile, also 2/4- des 4/4-Taktes, während Sie für die darauffolgenden beiden Schritte jeweils nur einen Taktteil (1/4-Takt) vertanzen.
Haben Sie das Vorangegangene alles verarbeitet, dann können Sie nun anfangen, die anderen Figuren zu erlernen und in einer zusammenhängenden Folge durchzutanzen.
Je sicherer Sie werden, desto mehr sollten Sie aus sich herausgehen und sich richtig austoben.
„Wetten daß“, dies alles nicht so schwer ist?
Auf los gehts los, und wir wünschen Ihnen viel Spaß.

Grundschritt

Herr

H	Fuß	Richtung und Bewegung	Rhythmus	Kommando
1	LF	Tap diagonal rückwärts	L	Tap
2	LF	schließt fast zu RF	S	Platz
3	RF	am Platz belasten	S	Platz
1	LF	Tap diagonal rückwärts	L	Tap
2	LF	schließt fast zu RF	S	Platz
3	RF	am Platz belasten	S	Platz

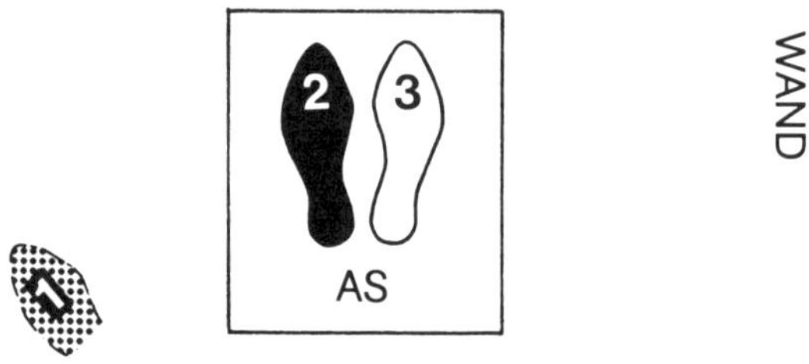

Bemerkung:
Da Disco-Fox sehr locker getanzt werden soll und Sie sich in einer P.P. in der Tanzhaltung befinden, können Sie auf die Schritte 1 + 4 ein wenig die P.P. öffnen und auf die Schritte 2 + 3 und 5 + 6 wieder schließen.

Dame

D	Fuß	Richtung und Bewegung	Rhythmus	Kommando
1	RF	Tap diagonal rückwärts	L	Tap
2	RF	schließt fast zu LF	S	Platz
3	LF	am Platz belasten	S	Platz
1	RF	Tap diagonal rückwärts	L	Tap
2	RF	schließt fast zu LF	S	Platz
3	LF	am Platz belasten	S	Platz

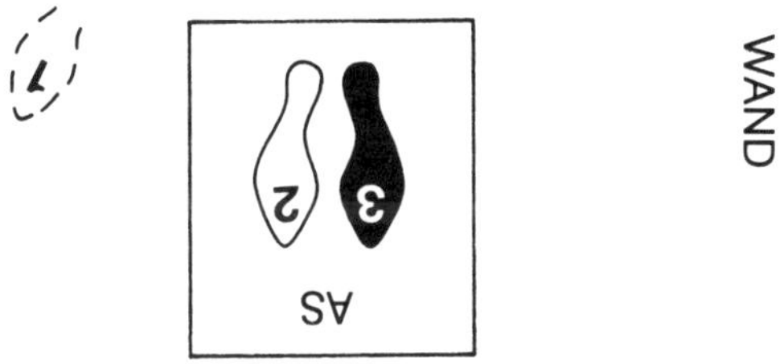

Grundschritt

1 Tap L

2 Platz S

5 Platz S

6 Platz S

3 Platz S

4 Tap L

Damensolo „hin und her“

Herr

H	Fuß	Richtung und Bewegung	Rhythmus	Kommando
1	LF	Tap diagonal rückwärts	L	Tap
2	LF	vorwärts — leichte Drehung nach links, linker Arm hoch	S	Dame
3	RF	seitwärts — leichte Drehung nach links	S	dreht
4	LF	Tap diagonal rückwärts	L	Tap
5	LF	rückwärts und zurückdrehen	S	Dame
6	RF	seitwärts und zurückdrehen	S	dreht

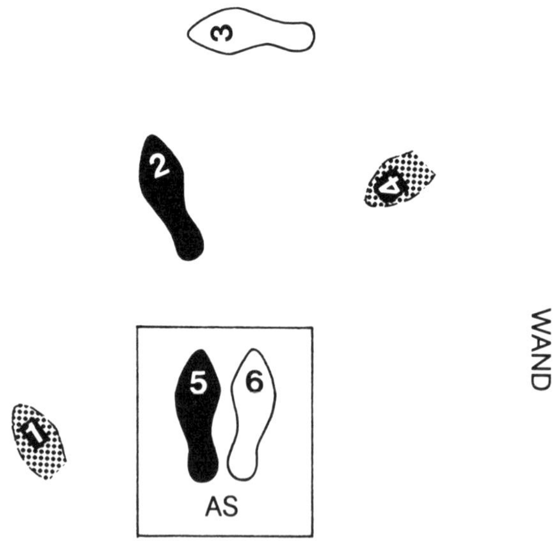

Bemerkung:
Der Herr führt die Dame nach links, indem er seine linke Hand hebt und mit seiner rechten Hand einen leichten Druck auf die linke Schulter ausübt, um ihr ihre Bewegungsrichtung zu zeigen.

Dame

D	Fuß	Richtung und Bewegung	Rhythmus	Kommando
1	RF	Tap diagonal rückwärts	L	Tap
2	RF	vor – dreht rechtsherum unter dem Arm des Herrn	S	Dame
3	LF	rück	S	dreht
4	RF	Tap	L	Tap
5	RF	vor – dreht linksherum unter dem Arm des Herrn	S	Dame
6	LF	rück	S	dreht

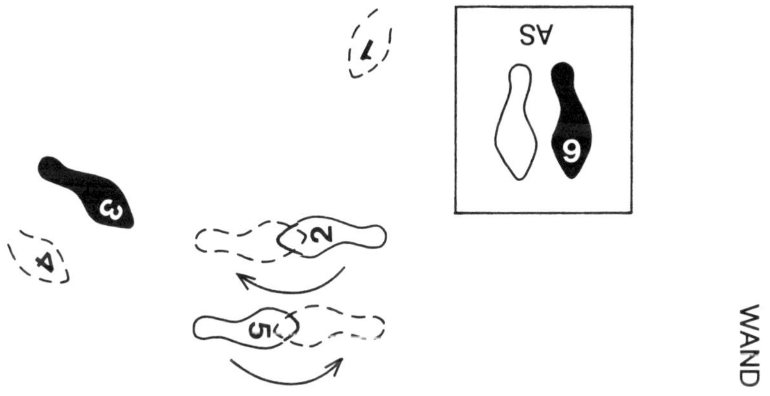

Damensolo „hin und her“

1 Tap L

2 Dame S

5 Dame S

6 dreht S

3 dreht S

4 Tap L

Hand- und Platzwechsel

Herr

H	Fuß	Richtung und Bewegung	Rhythmus	Kommando
1	LF	Tap diagonal rückwärts	L	Tap
2	LF	vor rechte Hand über die gefaßten Hände	S	Hand-
3	RF	rück eine halbe Drehung links, Hände lösen, drehen, Hände geben	S	wechsel
4	LF	Tap diagonal rückwärts	L	Tap
5	LF	vor, linker Arm hoch	S	Dame
6	RF	rück, eine halbe Drehung rechts	S	dreht

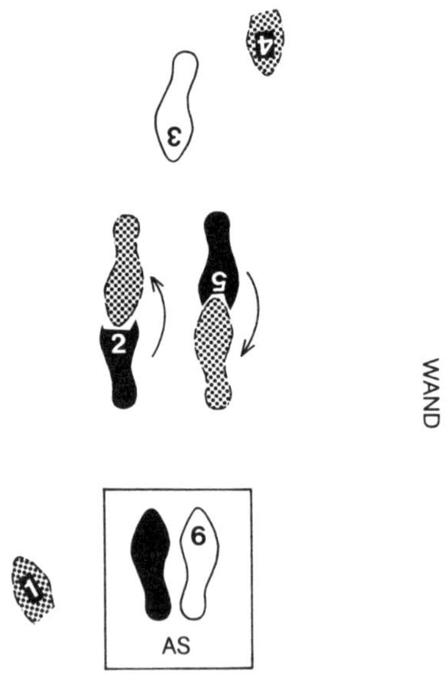

Bemerkung:
Die Tänzer tanzen aufeinander zu und tauschen die Plätze. Auf Schritt 1 gibt der Herr der Dame seine linke Hand und während er auf Schritt 2 linksherum dreht, wechselt er hinter seinem Rücken seine Hände wieder.

Dame

D	Fuß	Richtung und Bewegung	Rhythmus	Kommando
1	RF	Tap diagonal rückwärts	L	Tap
2	RF	vor } eine halbe Drehung rechts	S	Hand-
3	LF	rück } links um den Herrn herumlaufen	S	wechsel
4	RF	Tap diagonal rückwärts	L	Tap
5	RF	vor — dreht linksherum unter dem Arm des Herrn	S	Dame
6	LF	rück	S	dreht

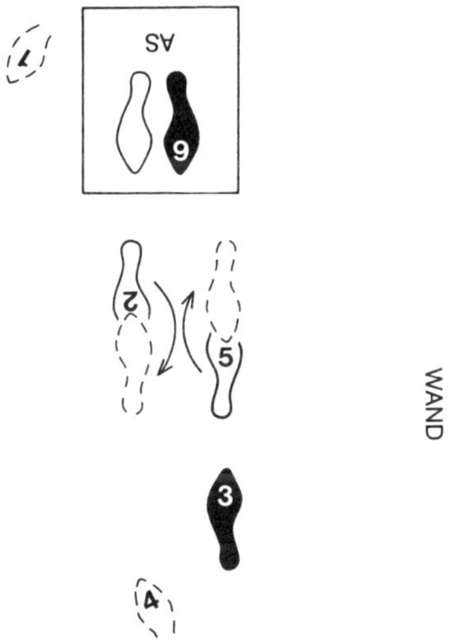

1 Tap L

2 Hand- S

5 Dame S

6 dreht S

3 wechsel S

4 Tap L

Ein- und Ausrollen

Herr

H	Fuß	Richtung und Bewegung	Rhythmus	Kommando
1	LF	Tap diagonal rückwärts	L	Tap
2	LF	schließt fast zu RF linker Arm hoch	S	ein-
3	RF	am Platz belasten linker Arm runter	S	rollen
4	LF	Tap diagonal rückwärts	L	Tap
5	LF	schließt fast zu RF linker Arm hoch	S	aus-
6	RF	am Platz belasten linker Arm runter	S	rollen

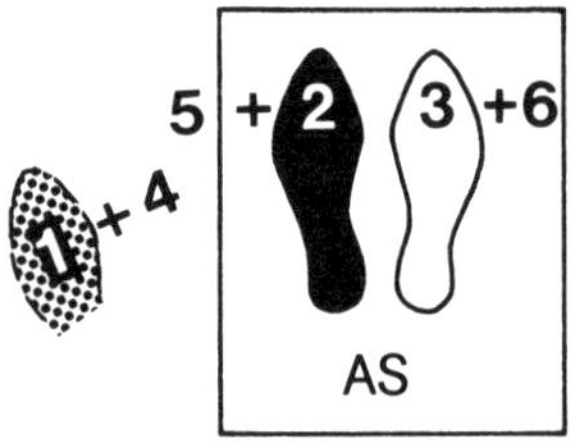

Bemerkungen:
Zur Führung des Herrn ist zu sagen, daß seine rechte Hand in Taillenhöhe mit der linken Hand der Dame verbunden bleibt. Er dreht die Dame mit seinem linken Arm in seinen rechten Arm.

Dame

D	Fuß	Richtung und Bewegung	Rhythmus	Kommando
1	RF	Tap diagonal rückwärts	L	Tap
2	RF	vor eine halbe Drehung links in den Arm des Herrn	S	ein-
3	LF	rück neben den Herrn	S	rollen
4	RF	Tap diagonal rückwärts	L	Tap
5	RF	vor eine halbe Drehung links unter dem Arm des Herrn	S	aus-
6	LF	rück	S	rollen

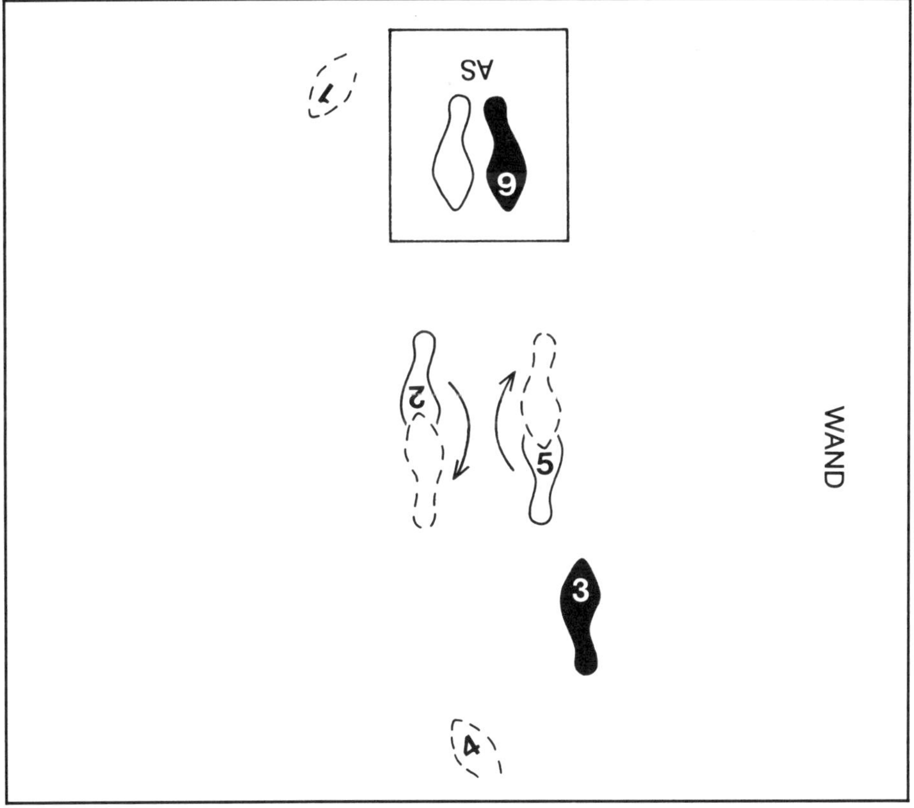

Ein- und Ausrollen

1 Tap L

2 ein- S

5 aus- S

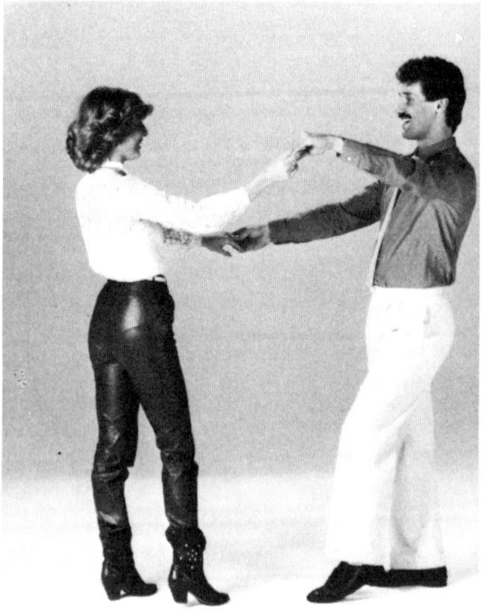

6 rollen S

3 rollen S

4 Tap L

Brezel

Herr

H	Fuß	Richtung und Bewegung	Rhythmus	Kommando
1	LF	Tap diagonal rückwärts	L	Tap
2	LF	vorwärts linke Hand hoch, rechte Hand unten	S	in die
3	RF	rück eine halbe Drehung links	S	Brezel
4	LF	Tap diagonal rückwärts	L	Tap
5	RF	vor } beginnt nach rechts zu drehen und vollendet eine halbe Drehung links	S	vor
6	RF	rück	S	rück

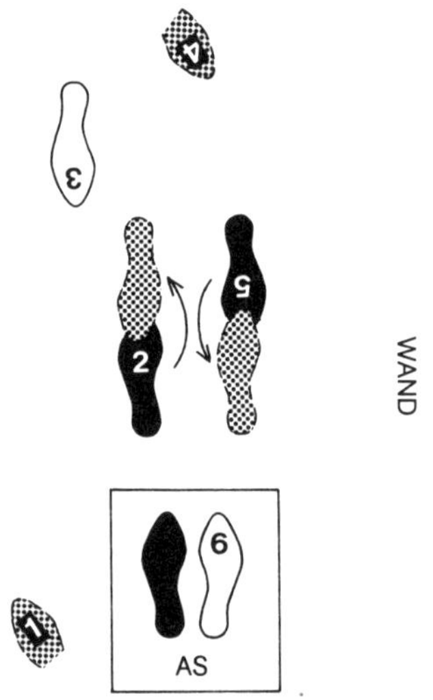

Bemerkung:
Auch hier bleibt die rechte Hand des Herrn wieder in Taillenhöhe mit der linken Hand der Dame verbunden, während seine linke Hand diesmal die Dame rechtsherum führt.

Dame

D	Fuß	Richtung und Bewegung	Rhythmus	Kommando
1	RF	Tap diagonal rückwärts	L	Tap
2	RF	vor – dreht rechtsherum eine halbe Drehung, rechte Hand hoch, linke Hand unten	S	in die
3	LF	rück	S	Brezel
4	RF	Tap diagonal rückwärts	L	Tap
5	RF	vor – beginnt nach rechts zu drehen, vollendet eine halbe Drehung rechts	S	vor
6	LF	rück	S	rück

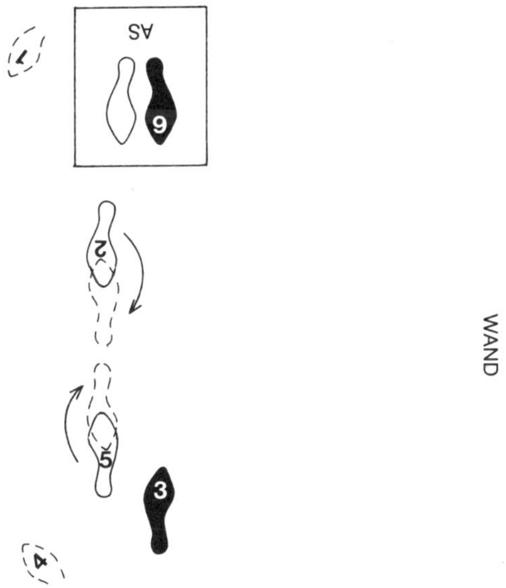

1 Tap L

2 in die S

5 vor S

6 rück S

3 Brezel S

4 Tap L

Disco- und Partytanz

Geschichte und Einleitung

Unter diesem Sammelbegriff werden alle modernen Tänze, etwa ab Ende der fünfziger Jahre eingeordnet. In den sechziger und fünfziger Jahren sagte man noch „Beat-Tanz, Pop-Tanz, Soul-Tanz", seit Travoltas Night-Fever hat man sich international auf Disco-Tanz oder Disco-Dance geeinigt. In manchen Ländern beschreibt man diese Tanzart auch als „Freestil-Dancing", was den Kern eigentlich genau trifft.
Die Entwicklung des Disco-Tanzes verläuft in etwa parallel mit der Entstehung und Entwicklung der Diskotheken. Ohne Kapelle, zur Schallplattenmusik entwickelten sich die eigentümlichsten, seltsamsten, aber auch schönsten Figuren und Bewegungen. Führend beteiligt waren, wie schon so oft, die farbigen Tänzer mit ihrer unvergleichlichen Art ihren Körper zu isolieren und sich mit Hilfe der Musik auszudrücken. Sehr viele Einflüsse und Ideen kamen auch aus Frankreich, wo eigentlich jede Stadt, jede Diskothek ihre favorisierten Party-Tänze hatte.
Die stürmischste Entwicklung, auch die entscheidenste, verlief Mitte der sechziger Jahre. Viele neue Bewegungen entstanden, wurden oftmals mit anderen zu längeren Sequenzen verknüpft und bildeten dann die Partytänze, zwischen sechs und bis zu zwölf Takte lang. Fast immer stehen die Tänzer und Tänzerinnen dabei nebeneinander und in Linien hintereinander in derselben Blickrichtung.
War die Tanzfolge zu Ende, begann man von vorne. Endlos. Bis zum letzten Takt der Platte. Das bekannteste Beispiel ist wohl der Party-Tanz „Night-Fever" aus dem gleichnamigen Film. Es vergeht kein Jahr, das nicht seine eigenen Disco-Tänze entwickelt, einige erreichten eine gewisse Berühmtheit, vielleicht erinnern Sie sich noch an den einen oder anderen Namen: Madison, Hully-Gully, Memphis, Let-Kiss usw. (siehe auch „Literaturverzeichnis" im Anhang).
Im Laufe des letzten Vierteljahrhunderts entwickelten sich Hunderte von Figuren und Bewegungsabläufe mit Dutzenden von Varianten. Zurückgeführt auf ihre einfachste Form ergaben sich einige allgemeingültige Grundschritte, mit denen ein Anfänger ein ausreichendes Angebot hat, um einen Abend auf der Disco-Tanzfläche gut zu überstehen.

Grund- und Soloschritte

Die Grund- und Soloschritte finden Sie in ihrer einfachsten Form beschrieben. Sie sollen helfen, den 4/4-Takt gleichmäßig und sicher auszutanzen. Körper- und Armbewegungen überlassen wir ihrer Fantasie, der jeweiligen Stimmung und dem Platz auf der Tanzfläche. Einige Beispiele finden Sie auf den Bildern zum Partylinientanz „Freak", der ja nur aus den Grundbewegungen zusammengesetzt ist. Natürlich sind alle Freak-Figuren auch einzeln zu tanzen.

Takt: Fast die gesamte Disco-Musik ist im 4/4-Takt geschrieben, die Betonung liegt jeweils auf dem 2. und 4. Taktschlag.

Tempo: Zwischen 26 und 34 Takte/Minute, am meisten hört man 30 bis 32 Takte/Minute.

Tanzrichtung: Eine Tanzrichtung gibt es im Disco-Solo-Tanz nicht. Jeder Tänzer kann sich drehen und Figuren tanzen wie er möchte, tanzt man jedoch mit einem Partner, bleibt man meist in Blickkontakt, also gegenüber.

Tanzhaltung: entfällt

Fußarbeit: im natürlichen, leichtfüßigen Bewegungsablauf

Schrittverbindungen: beliebig

Lernhilfen: Obwohl, siehe oben, im Prinzip jeder tanzen kann, was er will, sollten Sie im Soft-Beat-Single und im Doppel-Soft-Beat sich gegenüber aufstellen und denselben Schritt gegengleich erlernen. Der Herr beginnt dann mit links, die Dame mit rechts. Achtung! Der häufigste Fehler ist, daß man gegen den Rhythmus tanzt.
Richtig: (1)seit, (2)Tap, (3)seit, (4)Tap.
Falsch: (1)Tap, (2)seit, (3)Tap, (4)seit.

Herr

H	Fuß	Richtung und Bewegung	Rhythmus	Kommando
1	LF	seit	S	seit
2	RF	Tap, leicht nach vorne ohne Gewicht, Fußspitze ausgedr.	S	Tap
3	RF	seit	S	seit
4	LF	Tap, leicht nach vorne ohne Gewicht, Fußspitze ausgedr.	S	Tap

2. Teil

Schritt 3 + 4

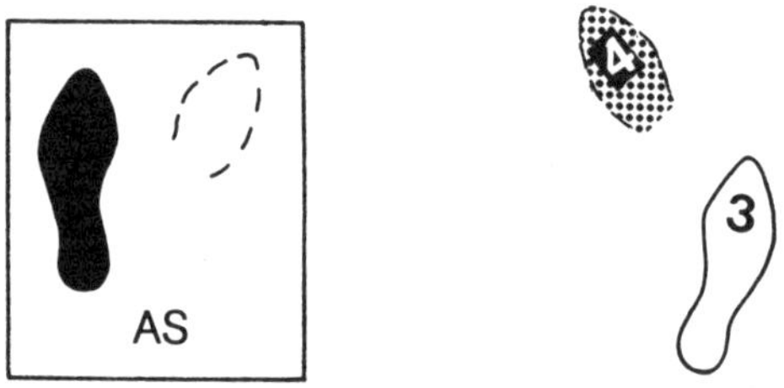

1. Teil

Schritt 1 + 2

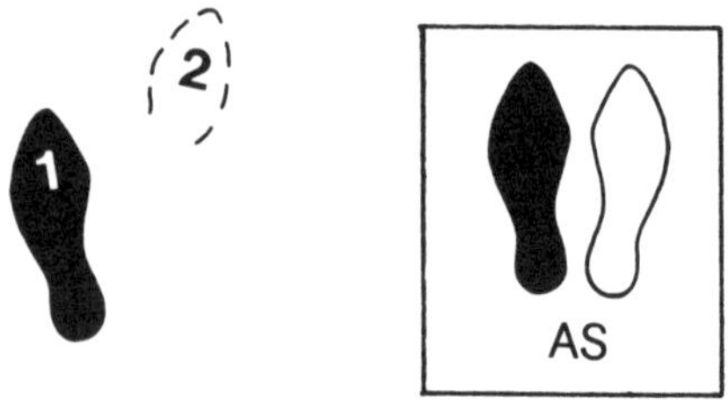

1 seit S

2 Tap S

3 seit S

4 Tap S

Batucada-Box

Dame

D	Fuß	Richtung und Bewegung	Rhythmus	Kommando
1	LF	vor	S	vor
2	RF	kreuzt vor LF	S	über
3	LF	rück	S	rück
4	RF	seit	S	seit

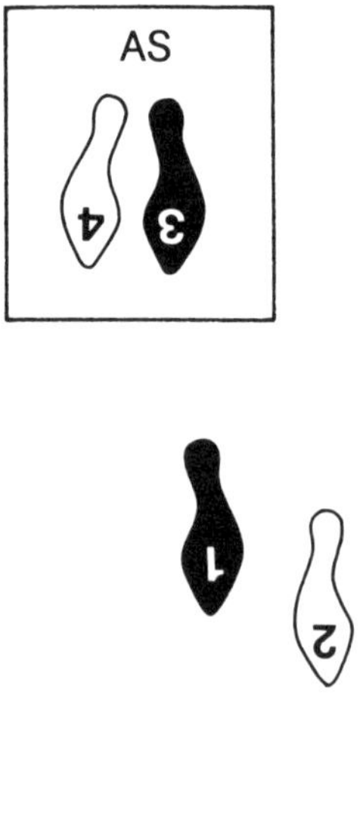

Bemerkung:
Die Betonung liegt auf dem Kreuzen, wobei man den Oberkörper leicht nach vorne beugen kann.

1 vor S

2 kreuzen S

3 rück S

4 seit S

Herr

H	Fuß	Richtung und Bewegung	Rhythmus	Kommando
1	RF	rück	S	rück
2	LF	rück	S	rück
3	RF	rück	S	rück
4	LF	Tap diagonal rückwärts	S	Tap
5	LF	vor	S	vor
6	RF	vor	S	vor
7	LF	vor	S	vor
8	RF	Tap diagonal vorwärts	S	Tap

Bemerkungen:
Beim Rückwärts- und beim Vorwärtsgehen die Arme leicht anwinkeln. Wenn Sie richtig in Schwung sind, klatschen Sie beim Tap (Schritt 4 + 8) noch in die Hände.

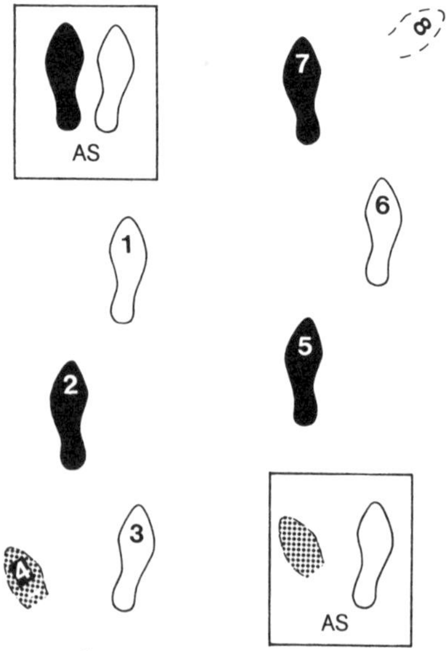

1. Teil 2. Teil

Dame

D	Fuß	Richtung und Bewegung	Rhythmus	Kommando
1	LF	seit	S	seit
2	RF	schließt zum LF	S	ran
3	LF	seit	S	seit
4	RF	Tap, leicht nach vorne ohne Gewicht, Fußspitze ausgedr.	S	Tap
5	RF	seit	S	seit
6	LF	schließt zum RF	S	ran
7	RF	seit	S	seit
8	LF	Tap, leicht nach vorne ohne Gewicht, Fußspitze ausgedr.	S	Tap

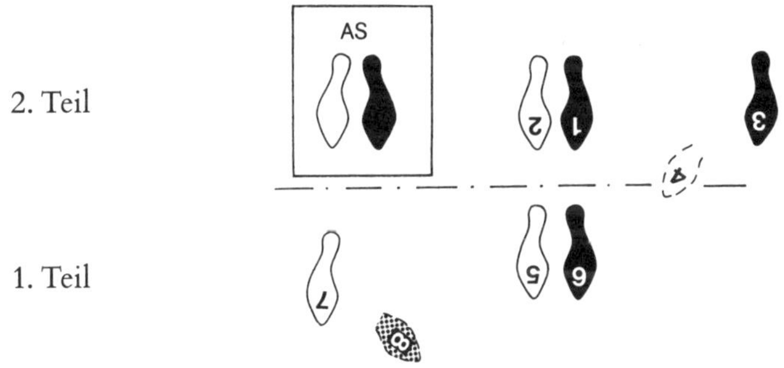

Teil 1 + 2 wird selbstverständlich auf einer Linie getanzt, also einmal nach links und dann nach rechts.

Rück und vor

1 rück S

2 rück S

5 vor S

6 vor S

3 rück S

4 Tap S

7 vor S

8 Tap S

1 seit S

2 ran S

5 seit S

6 ran S

3 seit S

4 Tap S

7 seit S

8 Tap S

1

1 RF rück

2

2 LF rück

5

5 LF vor

6

6 RF vor

3

3 RF rück

4

4 LF Tap
leicht zur Seite neben RF

7

7 LF vor

8

8 RF Tap
leicht zur Seite neben LF

9

10

9–12 Man beginnt mit dem LF nach rechts zu drehen. Über die Schritte 9-12 eine ganze Drehung rechtsherum. Schritt 12 ist ein Tap mit LF leicht zur

13

14

13–16 Man beginnt mit dem LF nach links zu drehen. Über die Schritte 13-16 eine ganze Drehung linksherum. Schritt 16 ist ein Tap mit RF leicht zur

11

12

Seite neben RF. Die Arme kreisen über dem Kopf umeinander herum.

15

16

Seite neben LF. Die Arme kreisen über dem Kopf umeinander herum.

17

18

17–24 Man beginnt mit einem Tap vom LF leicht nach vorne und sofortigem Zurückziehen zur Gewichtsübernahme. Dies wiederholen bis Schritt 24. Die Arme beginnen gestreckt über dem Kopf zu öffnen und zu kreuzen.

21

22

19

20

Wenn LF Arme offen. Wenn RF Arme gekreuzt.
Die Arme wandern über die Schritte 17 – 24 nach unten vor den Körper.

23

24

25

25 RF seit

Arme stechen nach unten neben den Körper.

26

26 LF Tap hinter RF

Arme stechen nach unten überkreuzt vor den Körper.

27 LF seit

Arme stechen nach unten neben den Körper.

28 RF Tap hinter LF

Arme stechen nach unten überkreuzt vor den Körper.

29 RF seit

Arme stechen über den Kopf nach oben in eine V-Position.

30 LF Tap hinter RF

Arme stechen nach unten überkreuzt vor den Körper.

31 LF seit

Arme stechen über den Kopf nach oben in eine V-Position.

32 RF Tap hinter LF

Arme stechen nach unten überkreuzt vor den Körper.

33

34

33 + 34 RF zur Seite und leicht nach vorne. Oberkörper etwas nach vorne beugen, und abwechselnd mit den Schultern wackeln.

37

38

37 + 38 RF am Platz belasten. Oberkörper etwas nach vorne beugen, und abwechselnd mit den Schultern wackeln.

35

36

35 + 36 LF am Platz belasten. Oberkörper etwas nach hinten beugen, und abwechselnd mit den Schultern wackeln.

39

40

39 + 40 LF am Platz belasten. Oberkörper etwas nach hinten beugen, und abwechselnd mit den Schultern wackeln.

41 RF rück

42 LF schließt neben RF

45 RF kickt nach vorne

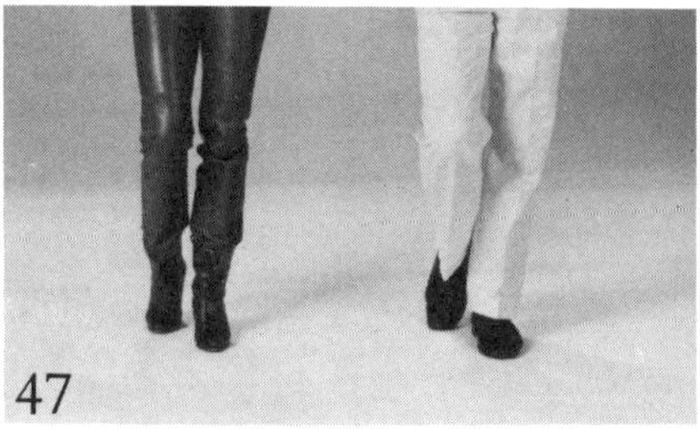

46 + 47 RF rück. LF am Platz belasten.

43 RF vor

44 LF vor

48 RF Tap mit gestrecktem Bein und rechten Arm gerade nach oben strecken.

49 RF anwinkeln zum LF, auf dem LF eine Vierteldrehung linksherum zur neuen Blickrichtung.

Literaturverzeichnis

Disco-Tänze (491), Barbara u. Felizitas Weber, Falken-Verlag GmbH, Niedernhausen.

Wir lernen tanzen. Standard- und lateinamerikanische Tänze (200), Ernst Fern, Falken-Verlag GmbH, Niedernhausen.

Tanzstunde. Das Welttanzprogramm/Party- und Discotänze (5018), Gerd Hädrich, Falken-Verlag GmbH, Niedernhausen.

Tanzen Schritt für Schritt, Helen Ann Augst, Freizeit HT 1979, Humboldt-Taschenbuchverlag, München

So tanzt man Rock 'n' Roll. Grundschritte, Figuren, Akrobatik (573), Wolfgang Steuer/Gerhard Marz, Falken-Verlag GmbH, Niedernhausen.

Der große Brockhaus, F.A. Brockhaus-Verlag, Wiesbaden

Zeichenerklärung

 Rechter Fuß/Herr

 Rechter Fuß unbelastet/Herr

 Rechter Ballen unbelastet/Herr

 Linker Fuß/Herr

 Linker Fuß unbelastet/Herr

 Linker Ballen unbelastet/Herr

 Rechter Fuß/Dame

 Rechter Fuß unbelastet/Dame

 Rechter Ballen unbelastet/Dame

 Linker Fuß/Dame

 Linker Fuß unbelastet/Dame

 Linker Ballen unbelastet/Dame

 Bewegungsrichtung des Fußes

 Drehbewegung des Fußes

Abkürzungen

AS	Ausgangsstellung
LF	Linker Fuß
RF	Rechter Fuß
o.G.	ohne Gewicht
P.P.	Promenaden-Position
TR	Tanzrichtung
TH	Tanzhaltung
S	schnell
L	langsam
li.	links
re.	rechts